Impressum

Auflage Januar 2023
ISBN: 978-3-910255-07-4

Text: Melanie Mittermaier
Lektorat: Katharina Frier-Obad / www.die-welt-braucht-schoene-texte.de
Satz & Layout: NUSPA Entwicklungsgesellschaft mbH
Titel mit einem Foto von Josepha und Markus / www.josephaundmarkus.com und Elementen von www.unsplash.com
Grafische Elemente im Buch unter Verwendung von Material von www.freepik.com und www.flaticon.com

NUSPA Entwicklungsgesellschaft mbH
Kriwitz 23, 29485 Lemgow
office@nuspa.de

Melanie Mittermaier

LIEBE LEBEN

Was alle Paare wissen sollten, aber niemand sagt

Inhalt

Vorwort von Andi Mittermaier

Diesen Sommer ist mir etwas sehr Dummes passiert. Beim Bergsteigen in den Schweizer Alpen habe ich bei einer Pause bemerkt, dass meine Steigeisen, die ich außen am Rucksack befestigt hatte, nicht mehr da waren. Mein Bergkamerad und ich befanden uns gerade im Hüttenaufstieg am Beginn eines steilen Gletschers. Es war der erste Tag unserer geplanten Hochtourenwoche und wir waren schon mehr als zwei Stunden über Eis und Schutt aufgestiegen, größtenteils abseits der Wege.

Der Schreck breitete sich über meinen ganzen Körper aus. Das plötzliche Pochen in meinem Kopf übertönte das Rauschen des Gletscherwassers. Schlagartig war mir klar, was das Fehlen der Steigeisen bedeuten konnte. Mein Gehirn erzeugte in Sekundenschnelle das Worst-Case-Szenario. Denn eines stand außer Frage: Weiterzugehen war unmöglich. Umkehren? Steigeisen nicht mehr finden. Abbruch. Ganze Urlaubswoche im Eimer. Und ich bin schuld!

Ärger machte sich breit und ich spürte, wie mein Puls enorm in die

Höhe ging. Als ich meinem Freund das Malheur verkündete, reagierte dieser sehr gelassen. „Hm, blöd, welche Optionen haben wir jetzt?" Mit diesen Worten war ich blitzschnell wieder ruhig und gefasst und mein Großhirn übernahm das Ruder. Keine fünf Minuten später war gemeinsam ein Plan geschmiedet.

Allein lief ich den ganzen Weg ohne Gepäck zurück und fand die Steigeisen glücklicherweise am Wegesrand, zwar erst kurz vorm Auto, aber in Summe war ich sehr schnell wieder zurück und mein Freund musste nur zwei Stunden in der Kälte warten. Wie geplant konnten wir unsere Tour fortsetzen. In diesem Moment war ich enorm dankbar, einen so tollen Bergpartner an meiner Seite zu haben. Ich war auch stolz auf mich, dass ich, zumindest nach einer Schrecksekunde, so klar und zielorientiert handeln konnte. Und wir konnten gemeinsam eine ruhige Konversation führen – ohne Vorwürfe.

Beim Lesen dieses Buches ist mir immer wieder dieses Bergerlebnis eingefallen und mir wurde bewusst, wie viel Arbeit darin steckt, sich nicht von unerwarteten Ereignissen aus der Bahn werfen zu lassen, und wie wertvoll es ist, in heiklen Situationen ruhig und fokussiert kommunizieren zu können. Eine Bergkameradschaft ist anspruchsvoll, vor allem, wenn man den ganzen Tag durch ein Seil miteinander verbunden ist.

In diesem Buch geht es nicht um Bergkameradschaften, sondern um Lebenspartnerschaften, und die sind mit Sicherheit deutlich anspruchsvoller. Ich war beim ersten Lesen zutiefst beeindruckt, wie umfangreich das Thema ist und wie viel Melanie und ich als Ehepaar schon gemeistert haben. Mit Freude habe ich erkannt, wie viele Inhalte für mich schon selbstverständlich und in meinem Handeln fest verankert sind. Eine wertschätzende und respektvolle Kommunikation ohne Vorwürfe gehört ebenso dazu wie ein liebevoller Umgang miteinander.

Im Kapitel „Nicht dein Zirkus, nicht deine Affen!" sehe ich einen weiteren wesentlichen Schlüssel für das Gelingen unserer Beziehung. Mich um meine Gefühle zu kümmern und für mich die volle Verantwortung zu übernehmen, hat mich enorm weitergebracht und in der Folge auch unsere Beziehung entspannter gemacht.

Es stecken so viele tolle Fragen in diesem Buch, bei deren Beantwortung ich unsere Beziehung reflektieren konnte. Wie schön, dass es immer wieder altbekannte und neue Ansätze gibt, diese Partnerschaft auf ein noch höheres Level zu heben – noch entspannter, noch lustiger und immer wieder interessant, stets mit Potential zur Weiterentwicklung.

Doch wie immer gehören zu einer Beziehung zwei Personen und das bedeutet auch, dass sich zwei Personen weiterentwickeln. Wie bereichernd es doch ist, sich gemeinsam über ein Kapitel auszutauschen und damit sich selbst und die andere Person besser kennenzulernen. Wir beide lieben es zu quatschen, zu diskutieren und das ist vielleicht auch ein wesentlicher Grund dafür, dass wir uns gemeinsam, und zwar beide auf unsere individuelle Art, weiterentwickelt haben. Dass das so möglich war, dafür bin ich Melanie sehr dankbar.

Mit diesem Buch ist ihr sicherlich ein Werk gelungen, das bei vielen Menschen dauerhaft auf dem Nachttisch liegen wird – oder liegen sollte! Kein trockener, zäher Ratgeber mit erhobenem Zeigefinger, sondern ein lebensbejahender, lustiger und tiefgründiger, mit vielen wertvollen Inhalten gespickt. Ich hatte sehr viel Freude beim Lesen – und ja, das Buch liegt auch bei mir immer griffbereit.

Die Welt verändert sich, wir verändern uns und immer wieder aufs Neue dürfen wir an uns und unserer Beziehung arbeiten. Mit diesem Buch gelingt das deutlich einfacher und entspannter. Ich wünsche auch dir viel Spaß beim Lesen, viele Erkenntnisse und vor allem viel Freude in deinem Leben.

Andi Mittermaier

EINLEITUNG

Was bitte schön macht eine Affärenmanagerin?

Servus! Ich bin die Melanie. Ich bin Affärenmanagerin und Liebes-Coach!

„Was macht denn bitte eine Affärenmanagerin?"

Diese Frage wird mir in jedem Interview gestellt und aus diesem Grund habe ich mir die Bezeichnung auch für mein Marketing ausgesucht. Es macht die Menschen stutzig und neugierig. Die Bezeichnung wurde mir auf einem Seminar von anderen Teilnehmenden verliehen, als sie mitbekamen, was ich beruflich mache. Ich fand es cool und einzigartig.

Ich kann behaupten, dass ich Deutschlands erste und aktuell noch einzige Affärenmanagerin bin. Oder kennst du noch jemanden wie mich?

Meine Arbeit polarisiert. Wenn ich auf einer Party von fremden Menschen gefragt werde, was ich beruflich mache, sucht die eine Hälfte schnell das Weite, während die andere Hälfte näher rückt und neugierig anfängt, Fragen zu stellen.

Als Affärenmanagerin helfe ich weder dabei, eine Affäre zu finden. Dafür gibt es sehr erfolgreiche Plattformen, die viel Geld damit verdienen.[1] Auch helfe ich nicht dabei, eine Affäre zu vertuschen, noch gebe ich Ratschläge, wie man möglichst diskret dabei vorgeht. Das ist nicht mein Zirkus, auch dafür gibt es andere. Mein Job ist es, meine Kund*innen bei allen Schwierigkeiten zu unterstützen, die vor, während und vor allem nach einer Affäre auftreten. Das geht von einer einseitigen Schwärmerei für den Chef oder einem Kuss im angetrunkenen Zustand auf einer Party bis hin zu jahrzehntelangen Zweitbeziehungen und sogar Doppelleben mit einer zweiten Familie an einem anderen Ort, ohne dass die beiden Familien voneinander wissen.

99 Prozent meiner Kund*innen haben in irgendeiner Form Probleme mit der Monogamie. Entweder empfinden sie das System als zu eng und als nicht mehr stimmig, weil sie sich fremdverliebt haben und erschrocken über sich selbst feststellen, nach einigen Jahren Beziehung Lust auf fremde Haut zu haben. Oder der oder die Partner*in hat die Beziehung heimlich einseitig geöffnet und ist fremdgegangen.

Die meisten wollen nach einer Affäre weiter (beziehungsweise wieder) monogam leben, manche probieren offene Beziehungskonzepte und Dreiecksbeziehungen aus, und manche Paare unterstütze ich bei einer möglichst friedlichen Trennung. Ich schätze, dass 80 Prozent meiner Kund*innen mit ihren Langzeitpartner*innen zusammenbleiben und 20 Prozent sich für eine Trennung entscheiden.

Viele Einzelpersonen fragen mich um Rat, für wen sie sich entscheiden sollen, wenn sie sich fremdverliebt haben. Oder sie wollen wissen, wie sie aus der Nummer wieder rauskommen und es nach mehreren misslungenen Anläufen endlich schaffen können, ihre Affäre zu beenden.

Seit vielen Jahren erlebe ich alle möglichen Formen von Untreue in jeder Ausprägung und Intensität. Ich habe Paare begleitet, die sich nach einer Affäre gerichtlich gegen die Erpressungen der dritten Person wehren mussten, Unternehmer*innen, deren Business nur knapp den Racheplänen der Affärenperson entgangen ist, Familien, deren Kinder nicht mehr mit dem fremdgehenden Elternteil reden, und viele mehr.

Das sind nur ein paar der Horrorgeschichten, die es gibt, wenn jemand eine Affäre hatte. Hollywood hat seine reine Freude an solchen Geschichten, die – unterhaltsam aufbereitet – eine Menge Geld in die Kinokassen spülen.

Es gibt aber auch viele positive Geschichten nach dem Auffliegen einer Affäre zu berichten. Sie werden entweder gar nicht erzählt, weil sie kein Geld einbringen würden, oder sie finden kein Gehör, weil sie eben langweiliger sind, weil man sich nicht so schön reinsteigern und mitfiebern kann im Sinne von „es kann nicht sein, was nicht sein darf"! Eine Affäre darf niemals etwas Positives bedeuten. Fremdgehen ist in unserer Gesellschaft immer mit Drama verknüpft. Muss das so sein?

Viele meiner Kund*innen berichten von einer viel tieferen und aufrichtigeren Beziehung, als sie es jemals für möglich gehalten haben, nachdem sie sich mit Untreue herumplagen mussten und sich ganz bewusst dazu entschieden haben, ihre Beziehung nicht nur zu retten, sondern auf ein völlig neues Level zu heben.

Ich kann von Paaren berichten, deren Beziehungsöffnung zum Himmel auf Erden wurde und die jenseits der 50 den besten Sex ihres Lebens haben – miteinander und mit anderen.

So holst du das meiste für dich aus diesem Buch heraus

In über zwölf Jahren Einzelcoaching und Paarberatung habe ich Tausende von menschlichen Beziehungen und Gedankenkonstrukten analysiert und auf den erwünschten Weg gebracht. Aus diesem Erfahrungsschatz habe ich dieses Buch geschrieben. Ich kenne jeden Gedanken, den Menschen denken, wenn sie betrogen wurden, sich fremdverliebt haben, eine sexuelle Affäre nicht aufgeben wollen, frustriert und wütend auf den oder die Partner*in sind und Angst vor einer Trennung haben.

Dieses Buch enthält die Grundsätze, die ich jeden Tag in meinen Beratungen anwende, die ich in meinen Videokursen lehre und die die Mitglieder im Liebe Leben Premium-Membership-Bereich langfristig trainieren und sich zu eigen machen. Nicht nur, um eine Krise zu meistern, sondern auch und vor allem dafür, die Beziehung langfristig auf stabile Beine zu stellen und auch nach Jahrzehnten immer noch Spaß miteinander zu haben.

Meine langjährigen Kund*innen, Fans, Follower*innen und Podcast-Hörer*innen werden einen Großteil der Inhalte bereits kennen. Ich habe mit diesem Buch das Rad nicht neu erfunden, sondern alle Konzepte, Modelle und hilfreiche Metaphern gebündelt verpackt. Es dient dir als Inspirations- und Nachschlagewerk und hilft dir, dich immer wieder daran zu erinnern, wie man eine erfüllte Langzeitbeziehung lebt – und wie man sie mit Karacho gegen die Wand fährt.

Hierbei geht es mir nicht um Selbstoptimierung und Perfektion. Zum Teufel mit der toxischen Positivität! Mir ist ganz wichtig anzuerkennen, dass wir alle wundervolle und wertvolle menschliche Wesen sind, die menschliche Gehirne haben, irrationale Entscheidungen treffen und teilweise völlig sinnlose Verhaltensmuster leben. Wir sind wundervoll, liebevoll, aufmerksam, respektvoll, gerecht und positiv. Wir sind aber auch chaotisch, mürrisch, abwesend, respektlos, unfair und negativ.

Das Leben ist fifty-fifty – es wird immer wundervolle und nicht so tolle Erlebnisse bereithalten. Menschen sind fifty-fifty – sie haben großartige Aspekte und nicht so schöne. Und auch Beziehungen sind fifty-fifty – wir erleben mit unseren Partner*innen glückliche und nicht so glückliche Momente.

Anstatt einer permanenten Glückseligkeit hinterherzujagen, möchte ich dich für die Idee begeistern, dass fifty-fifty absolut ausreichend und wunderbar ist. Das heißt nicht, dass du nicht ein grundsätzliches Glücksgefühl oder eine Grundzufriedenheit in deinem Leben haben kannst. Im Gegenteil – je mehr wir akzeptieren, dass nicht alles rosarot ist und der Himmel nicht immer voller Geigen hängt, desto mehr können wir Frieden schließen mit dem Leben, mit der Menschlichkeit und mit unseren Beziehungen, so wie sie sind!

Leg dir ein schönes Notizbuch an, um die Übungen, die ich dir in diesem Buch vorstelle, auch wirklich zu machen. Schreibe dazu auch mit einem schönen Stift. Du kannst natürlich auch mit einem Laptop oder Handy arbeiten, ganz wie du magst. Wichtig ist nur, dass du dir Notizen machst.

So berichten die Mitglieder im Membership-Bereich und meine Kursteilnehmenden regelmäßig davon, dass sie tiefer greifende Erkenntnisse haben, wenn sie nicht nur die Videos anschauen, sondern sich wirklich die Zeit nehmen, auch die Arbeitsblätter auszufüllen. Und ich selbst kenne das auch. Oft bin ich zu faul, aber wenn ich es dann wirklich tue – holla die Waldfee, dann geht was vorwärts! Aber keine Sorge, es sind auch genügend Abschnitte in diesem Buch, in denen ich „nur" deine Denkweise herausfordere und du sonst nichts weiter tun musst.

Es kann sein, dass du manchmal denkst, dass die Mittermaier völlig übergeschnappt und durchgeknallt ist. Es kann sein, dass du das Buch manchmal in die Ecke schmeißen willst, weil sich massiver Widerstand in dir breitmacht. Das ist völlig normal und gehört dazu. Im Idealfall lässt du dich davon nicht abhalten, zumindest auszuprobieren, ob der ein oder andere Impuls für dich funktionieren könnte. Du musst mir nicht recht geben. Ich habe die Weisheit nicht mit Löffeln gefressen – ich habe jedoch einen Haufen Erfahrung und ich kann dir nur ans Herz legen, offen für die Konzepte in diesem Buch zu sein, sie lange genug auszuprobieren und zu testen, was für dich und deine Beziehung funktioniert und was nicht.

In meiner gesamten Arbeit geht es darum, (alte) Denkstrukturen und gesellschaftliche Erwartungen zu hinterfragen und wenn nötig zu verändern. Ich arbeite mit Menschen jeglicher sexueller Orientierung und Geschlechtsidentität. Nicht jede Person, die sich weiblich definiert, hat einen Partner und nicht jede Person, die sich männlich definiert, hat eine Partnerin. Ich möchte in meinem Buch alle ansprechen und wähle die gendergerechte Sprache.

Walk the talk – ich lebe, was ich lehre

Ich bin nicht nur Beraterin und Coach, ich bin auch Ehefrau und Mutter. Durch meine Arbeit werde ich jeden Tag daran erinnert, was für eine Beziehung förderlich ist und was nicht. Dadurch sehe ich ständig, worauf ich achten und was ich besser machen kann. Ich fasse mir stets selbst an die Nase, um zu überprüfen, ob ich das, was ich „predige", auch tatsächlich lebe. „I walk the talk" – ich lasse auf Worte Taten folgen.

Ich weiß nicht genau, wann meine Beziehung wirklich begonnen hat; es war irgendwann im Juli oder August 2001. Mein Mann war damals mein Chef; er hatte mich eingestellt. Unser erstes Date war einige Monate nach meinem ersten Arbeitstag auf einem Konzert des Jugend- und Kulturzentrums Feierwerk in München, welches mir als Landei nicht bekannt war. Ich war völlig overdressed, weil ich dachte, dass man sich schönmachen muss, wenn man in der Großstadt auf ein Date mit dem Chef geht. Hahaaaa, ich wusste ja nicht, dass dort nur Alternative rumhängen. Ich kannte meinen Chef bisher nur im Anzug! Doch nach einer längeren Dating- und Kennenlernphase ging dann alles recht schnell. Andis Firma musste Insolvenz anmelden und nach einem Kletter-Aufenthalt in Spanien, wo er sich emotional von der Firmenpleite erholt hat, ist er im Februar 2002 bei mir eingezogen. 2003 haben wir geheiratet, 2004 unseren Sohn bekommen, 2006 unsere Tochter.

Nach der Ausbildung zur psychologischen Beraterin in einem Paarberatungsinstitut begann ich 2009 nebenberuflich mein Business aufzubauen. Zunächst eher als Jobby (Job plus Hobby), später dann als richtiges Unternehmen. Heute bin ich die Hauptverdienerin und Andi mein Angestellter, er kümmert sich in Teilzeit um die Finanzen, Buchhaltung, Bilanzen, Rechnungsstellung und vieles mehr. Seit dieser Bereich in seiner Hand ist, kann ich mich auf meine Fähigkeiten konzentrieren. Ich bin der kreative Kopf und ein Menschen-Mensch. Zahlen und Belege sind nicht meine Welt.

Unser Sohn ist erwachsen, er hat gerade sein Abi bestanden und wird demnächst das Haus verlassen. Unsere Tochter hat noch zwei Jahre bis zum Abi und wir planen mit einem lachenden und einem weinenden Auge bereits die „Empty Nest"-Phase.

Wir haben beide schon die ein oder andere Fremdliebe und den ein oder anderen Scherbenhaufen hinter uns, haben eine Sexkrise gemeistert, eine offene Beziehung ausprobiert und uns derzeit auf ein monogamisches Beziehungskonzept verständigt, welches wir regelmäßig dahingehend überprüfen, ob es noch passt. Den Begriff monogamisch (im englischen Original: monogamish) hat der US-amerikanische Kolumnist und Autor Dan Savage geprägt.[2] Er meint damit: Sei so monogam wie möglich, je nachdem, in welcher Lebenslage du dich gerade befindest. Untreue ist demnach kein Dealbreaker, also ein Ausschlusskriterium, das das Aus für die Beziehung bedeutet, sondern kann vorkommen. Mein Mann und ich sind beide neugierig und abenteuerlustig, was dafür sorgt, dass unsere Beziehung niemals langweilig wird.

Früher dachte ich, dass ich niemals heiraten will. Zum Glück habe ich anders entschieden. Meine Ehe ist das Beste, was mir passieren konnte. Ohne meinen Mann wäre ich nicht die, die ich bin – und ich wäre nicht da, wo ich bin! Ich bin megadankbar für mein Leben und die Liebe, die ich jeden Tag leben darf!

So, jetzt wünsche ich dir ganz viel Spaß, viele Aha-Erlebnisse und tolle Erkenntnisse mit meinem Buch. Möge es dir wertvolle Dienste erweisen und mehr Liebe in dein Leben bringen!

KAPITEL 1

Was alle Paare wissen sollten, aber niemand hören will

Die allgemeine Vorstellung von Liebe und Beziehung ist die hier: Du findest den einen oder die eine und bist für immer glücklich bis ans Ende deiner Tage. Der oder die Richtige wird dich glücklich machen, all deine Bedürfnisse erfüllen und mit einer Rose im Mund trotz Höhenangst die Feuerleiter hinaufklettern, um für immer dein zu sein.[3]

Er oder sie wird dich immer lieben, dich niemals verlassen, dich begehren und kein Interesse an anderen mehr haben. Ihr vögelt, bis der Arzt kommt, und das natürlich auch noch mit 80. Du musst dafür nix tun, sondern einfach nur du selbst sein. Klar hast du schon einmal irgendwo gehört, dass eine Beziehung auch Arbeit ist. Aber was das genau bedeutet, ist dir nicht klar. Vor allem kann es auch gar nicht stimmen. Denn wenn Liebe Arbeit bedeutet, dann kann es doch keine wahre Liebe sein!

Du denkst, ich übertreibe? Nein. Das tu ich nicht.

Wenn ich die Kommentare unter diversen Beiträgen zum Thema Beziehung lese, wird mir richtig schlecht. Seit vielen Jahren diskutiere ich auf Social Media und mit meinen Kund*innen über diesen Mist. Manche wollen bis aufs Blut an der romantischen Vorstellung von der Liebe festhalten, die einfach so da ist und nie verschwindet, wenn es der oder die Richtige ist. Die Mehrzahl der Menschen sperrt sich vehement gegen Eigenverantwortung und gegen die Realität. Am Schlimmsten ist es auf Instagram. Dort möchten vor allem junge Frauen nichts davon hören, was es bedeutet, über viele Jahre und Jahrzehnte in einer echten Beziehung mit einem echten Menschen zu sein. Einem Menschen, der fehlbar ist, an alten Verletzungen und Traumata leidet, möglicherweise einen ungesunden Bindungsstil erlernt und ein chaotisches menschliches Gehirn hat.

Die romantischen Vorstellungen einer Beziehung vergleiche ich mit dem Leben in der Matrix.[4] Erst wenn du dort rausgeflogen bist, bemerkst du, dass es nicht real war. Und auch wenn die schmutzige Wahrheit nicht so rosarot und zuckerwattesüß ist, so ist sie umso schöner und vor allem so viel menschlicher! Also lass uns die rote Pille schlucken und den Blödsinn ein für alle Mal aushebeln.

Der „Früher war alles besser“-Bullshit

- „Heutzutage werden Beziehungen zu schnell weggeworfen und nicht mehr repariert!“
- „Meine Oma hat es auch hinbekommen, ein Leben lang treu zu sein. Was ist nur los mit den modernen Menschen?“

- „Früher gab es noch Werte wie Treue, Ehrlichkeit und Anstand. Das kennt heute niemand mehr!“

Ja, ja, früher war alles besser – bla, bla, bla! Solche Sätze höre und lese ich ständig, wenn es um Beziehungen, um Krisen und ums Fremdgehen geht. Vor allem von Menschen, die noch sehr jung sind und von Beziehungen ein verklärtes romantisches Bild aus dem letzten Jahrhundert haben.

Ist es tatsächlich so, dass die Beziehungen früher besser waren und länger gehalten haben? Natürlich nicht. Meine Oma hatte keine Chance, sich von meinem Opa zu trennen – obwohl es ihr vermutlich gutgetan hätte. Er war durch seine Kindheit und vom Krieg schwer traumatisiert, Alkoholiker und kein witziger Zeitgenosse. Erst nach seinem Tod konnte meine Oma ihr Leben so leben, wie sie es wollte, und ist aufgeblüht.

Die Generation der Boomer (zwischen 1946 und 1964 Geborene) ist die erste Generation, die überhaupt eine Scheidung in Erwägung ziehen konnte, jedoch noch mit gesellschaftlicher Ächtung rechnen musste. Meine Mama ist mit 17 schwanger geworden, was bedeutet hat, dass sie schnellstens heiraten musste, denn Sex vor der Ehe war eigentlich nicht erlaubt.

Die Generation X, zu der ich gehöre, ist die erste Generation, die das Privileg hat, vor der Ehe vögeln zu dürfen und eine Beziehung zu beenden, ohne dafür schräg angeschaut zu werden, zumindest in westlichen Kulturkreisen.

Die Scheidungsquote liegt aktuell zwischen 40 und 50 Prozent, wobei Trennungen von unverheirateten Paaren hier nicht einmal berücksichtigt sind. Die meistgelebte Beziehungsform der westlichen Welt ist die sogenannte serielle Monogamie. Das heißt, dass die meisten Menschen etwa drei bis vier längere Beziehungen im Leben haben und immer in der jeweils aktuellen Beziehung monogam sind.

Da es früher nicht erlaubt war, vor der Ehe Sex zu haben, waren die Paare zur lebenslänglichen Treue verpflichtet. Vor allem Frauen hatten keine Wahl, eine Beziehung zu beenden, weil die wirtschaftliche und gesellschaftliche Abhängigkeit zu stark war. Daher haben Ehen länger „gehalten", waren aber nicht glücklicher. Und dass sie treuer waren, ist ein Mythos.

Tatsächlich ist es so, dass Ende des 19. Jahrhunderts fast ausschließlich Männer fremdgegangen sind (mit Prostituierten oder Mägden) und verheiratete Frauen nicht. Diese hatten schlicht keine Möglichkeit, keine Kontakte und zu viel zu verlieren. Nur höher gestellte oder adelige Frauen gönnten sich Liebhaber. So beschreibt es etwa Michèle Binswanger in *Fremdgehen. Ein Handbuch für Frauen* (Binswanger 2017).

Die Erfindung der Anti-Baby-Pille in den 1960er Jahren und die gesetzliche Neuregelung in den 1970er Jahren, ohne die Unterschrift des Ehemannes arbeiten gehen zu können, hat Frauen völlig neue Möglichkeiten der Emanzipation eröffnet und damit den Weg zur seriellen Monogamie geebnet.

Liebe und Macht

Es lohnt sich, einen Blick auf die Geschichte der Menschheit zu werfen, um zu verstehen, wie sich die Erwartungen an eine Beziehung im Laufe der Zeit verändert haben (zum Beispiel Yuval Noah Hararis *Eine kurze Geschichte der Menschheit*, 2015). So gab es in der Zeit vor der Viehzucht und der Sesshaftwerdung des Homo Sapiens keine Kleinfamilie und keine Monogamie. Erst mit Einführung des Patriarchats vor etwa 8.000 Jahren wurden die heutigen Familien- und Beziehungsstrukturen angelegt. Das hatte aber nichts mit Liebe zu tun – sondern mit Macht, sagt die Patriarchatsforscherin Gabriele Uhlmann:

„Das Patriarchat ist nicht natürlich, sondern es entstand gewaltsam, speziell mit Entführungen bzw. Frauenraub, begleitet von Vergewaltigungen und Bestrafung von Frauen und Mädchen, aber auch der Ermordung aller nicht patriarchalen Männer, die das zu verhindern suchten. Ziel der Täter war die Sicherstellung der **genetischen Vaterschaft** zur Ausübung der **sozialen Vaterschaft**, was nur mit Kontrolle der weiblichen Sexualität und der unter diesen Bedingungen gezeugten Kinder möglich war und ist" (Uhlmann 2022, Hervorhebung durch die Autorin).

Zur selben Zeit entstand der Monotheismus und ein paar Tausend Jahre später das Christentum, welches die Ehe, wie wir sie heute kennen, geformt hat. Die Motivation war ebenfalls keine romantische Liebe, sondern Macht und Kontrolle. Vor allem ging es um Kontrolle über die Sexualität der Frau, wie die Biologin Meike Stoverock in ihrem Buch *Female Choice* erläutert (Stoverock 2022). Die Idee der romantischen Liebe ist noch recht frisch. Erst im 18. Jahrhundert wurde sie ein Bestandteil der Ehe. Davor war es meist ein Arrangement der Eltern beziehungsweise des Vaters, um finanzielle oder gesellschaftliche Vorteile auszuhandeln.

Warum sollte nun die Idee der freiwillig geschlossenen Liebe eine Einbahnstraße sein? Natürlich beinhaltet die Freiwilligkeit, eine Beziehung zu beginnen, ebenso die Freiwilligkeit, eine Beziehung auch wieder zu beenden. Die Dauer einer Beziehung ist dabei kein Qualitätsmerkmal! „Bis dass der Tod uns scheidet" kann eine lange Quälerei bedeuten – für eine Person oder für beide. Die Möglichkeit, eine Beziehung zu beenden, eröffnet somit im Umkehrschluss ebenso die Möglichkeit, eine bestehende Beziehung bewusst zu pflegen und sich ins Zeug zu legen. Das bedeutet mehr Anstrengung und Engagement, lohnt sich aber! Wie du siehst, war früher nicht alles besser. Im Gegenteil.

Du lebst sehr wahrscheinlich die gleiche Beziehung wie deine Eltern!

Viele Menschen denken, dass der gesunde Menschenverstand völlig ausreicht, um sich zu paaren und dann glücklich bis ans Ende ihrer Tage zu leben. Kaum ein Paar in meiner Beratung hat sich vor einer Beziehungskrise ernsthaft damit beschäftigt, wie eine gute Partnerschaft gelingt und was man dafür wissen, können oder gar tun muss.

Du hingegen investierst in deine Fortbildung und beschäftigst dich mit diesem Buch. Damit tust du bereits mehr, als die meisten jemals tun werden. Denn du bist nicht wie die meisten! Du willst mehr. Wie schön!

Ich bin immer wieder erstaunt, wie selbstverständlich sich jemand für die Karriere fortbildet, aber keine Notwendigkeit darin sieht, Zeit, Geld und Hirnschmalz in die eigene Beziehung zu investieren. Einen Managerposten bekommt niemand direkt nach der Hauptschule angeboten, oder? Dafür ist in aller Regel ein Studium nötig, diverse Weiterbildungen und manchmal auch ein Auslandsaufenthalt. Um eine erfolgreiche Führungskraft zu sein, braucht es sogar noch mehr.

Beziehungs(un)fähigkeit lernen wir alle in den ersten Lebensjahren von unseren mehr oder weniger reifen Eltern oder anderen Bezugspersonen. Es ist die Grundausbildung, die wir alle durchlaufen, ob wir es wollen oder nicht.

Welche Beziehung möchtest du leben?

Hand aufs Herz: Hättest du gerne eine Beziehung, wie sie deine Eltern seit Jahr und Tag führen? Mach hier eine kleine Pause und schreibe die Antworten auf folgende Fragen in dein Notizbuch!

- Wie gehen deine Eltern miteinander um?
- Ist es eine gleichberechtigte Beziehung auf Augenhöhe?
- Können sie offen und ehrlich miteinander reden?
- Wie gehen sie mit Konflikten um?
- Wie liebevoll sind sie miteinander?

Wenn ich meinen Kund*innen diese Frage stelle, ob sie es genauso machen wollen, sind die meisten entsetzt und sagen: „Um Himmels willen! Niemals!“ Und doch wiederholen sie denselben Mist der Eltern (und/oder der Schwiegereltern), wie sich im Laufe eines Beratungsprozesses oft herausstellt.

Warum? Weil sich die Erfahrungen der ersten Lebensjahre in unsere

Gehirnwindungen eingebrannt haben (ähnlich wie die Muttersprache). Natürlich brennt da nicht wirklich etwas. Doch du kannst es dir wie Gleise vorstellen, die frühzeitig verlegt werden und auf denen unser Gedankenzug automatisch fährt.

Wenn du keine Lust hast, die Beziehungsmuster deiner Eltern weiterzuleben, dann bist du hier genau richtig. Die Impulse in diesem Buch helfen dir, alte Überzeugungen infrage zu stellen, deine Beziehung so zu gestalten, wie du es möchtest, und neue Gleise zu verlegen.

Dazu muss sich dein Gehirn sozusagen erstmal mit einer Machete den Weg durchs Unterholz schlagen, einen Trampelpfad anlegen und diesen so oft entlanggehen, bis der Pfad zu einer breiten Trasse wird, auf der man neue Gleise verlegen kann. Und obwohl du neue Gleise hast, will dein Gehirn trotzdem immer wieder die eingefahrene Strecke benutzen, weil das viel einfacher ist und Energie spart. Du musst also immer wieder deine Weichen in die erwünschte Richtung stellen, bis der Zug die neue Strecke bequemer findet als die alte.

Um von alten Denk- und Verhaltensmustern in neue zu kommen, durchläuft man vier Kompetenzstufen[5]:

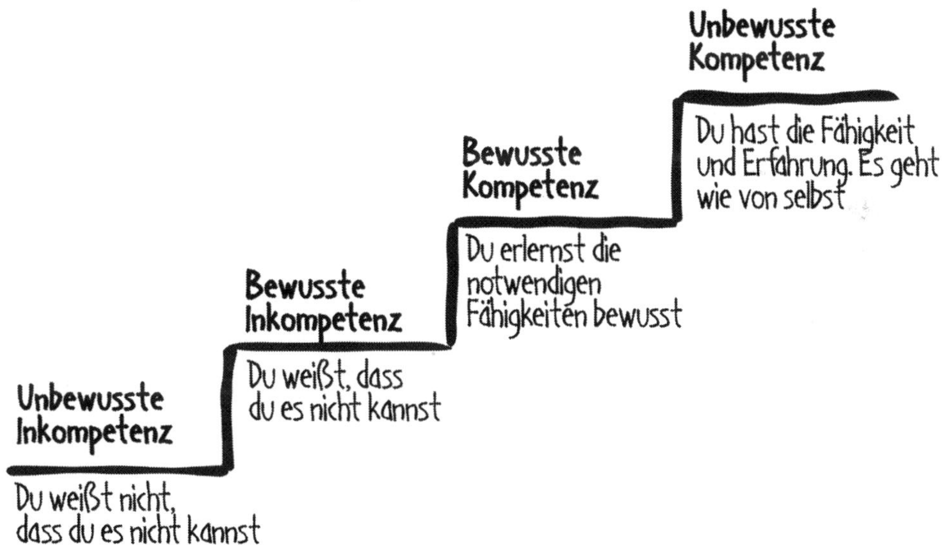

1. unbewusste Inkompetenz (ich habe keine Ahnung, dass ich keine Ahnung habe)

2. bewusste Inkompetenz (mir wird klar, was ich ändern will, bekomme es aber noch nicht hin)
3. bewusste Kompetenz (ich übe und trainiere das neue Denken und Verhalten, es gelingt mir immer besser)
4. unbewusste Kompetenz (die neue Denkweise und das neue Verhalten sind mir in Fleisch und Blut übergegangen)

Sei geduldig und liebevoll mit dir selbst, wenn du deine alten Denkmuster durchbrechen und dir neue zu eigen machen möchtest. Manchmal geht es schnell und manchmal dauert es ein bisschen. Das ist okay!

Das Gehirn wurde nicht für monogame Langzeitbeziehungen gebaut!

Eine lebendige, liebevolle und erfüllte Langzeitbeziehung ist eine krasse Disziplinleistung des Großhirns. Diese Tatsache ist vielen nicht bewusst. Vor allem die Treue ist ein Versprechen, das auf lange Sicht nicht so leicht einzuhalten ist. Je nach Dauer der Beziehung, aktueller Lebenssituation und verfügbaren Angeboten kann es sogar enorm schwer sein, den Versuchungen des Lebens zu widerstehen.

Früher galt die Annahme, dass man nur mit Vernunft und Selbstbeherrschung über seine Gefühle herrschen müsse und alles sei gut. Wem das nicht gelinge, der sei willensschwach und solle sich mal zusammenreißen. So beschreibt es anschaulich etwa Mark Manson in seinem Buch *Everything ist F*cked: Ein Buch über Hoffnung* (Manson 2019, 38). Menschen, die fremdgegangen sind, werden bis heute als böse verurteilt, denn sie hätten ja einfach „nein“ sagen und sich beherrschen können! Andere können das ja schließlich auch!

Doch leider ist es nicht so einfach. Wir sind keine logischen Wesen und das rationale Denken steht uns nur begrenzt zur Verfügung. Neben dem Großhirn ist auch das „primitive Steinzeitgehirn“, also die archaischen Regionen des Gehirns, die schon unsere steinzeitlichen

Vorfahren hatten, in unseren Köpfen aktiv und macht uns oft einen Strich durch die Disziplin-Rechnung. Manson unterscheidet zwischen den beiden Systemen Denk- und Fühlhirn. Es ist eine vereinfachte Darstellung, das Gehirn besteht aus mehreren Teilen (Großhirn, Mittelhirn mit limbischem System, Kleinhirn, Stammhirn).

Dabei hat das primitive Gehirn drei Aufgaben:

1. Lustgewinn suchen
2. Schmerz vermeiden
3. Energie sparen

Je nachdem, welches Gehirnareal gerade die Oberhand hat, kann es sein, dass Partner*innen sich (mehr oder weniger bewusst) in eine Affäre stürzen, wichtige und schmerzhafte Gespräche über die Beziehung vermeiden und zu faul und bequem sind, um sich auch nach Jahren noch um die oder den Liebste*n zu bemühen.

Die Natur hat kein Interesse daran, dass Menschen lange monogame Partnerschaften führen, schreibt Stoverock (2022). Biologisch gesehen ist es viel sinnvoller, sich mit unterschiedlichen Partner*innen zu paaren und möglichst viele verschiedene Genpools zu mischen. Damit ist die Wahrscheinlichkeit höher, dass die menschliche Spezies überlebt. Das gilt übrigens nicht nur für Männer. Auch Frauen paarten sich vor der Einführung des Patriarchats mit verschiedenen Männern und hatten damit nicht die eine Liebesbeziehung ein Leben lang, sondern mehrere hintereinander und vemutlich auch überschneidend.

Genauso wie wir von Natur aus keine Vegetarier sind, so sind wir auch nicht von Natur aus für monogame Langzeitbeziehungen gemacht. Zu diesem Ergebnis kommen Forschende aus verschiedenen Disziplinen, nachzulesen beispielsweise in *Sex – die wahre Geschichte* von Christopher Ryan und Cecilda Jethá (2016). Wir können uns entscheiden, kein Fleisch zu essen und die Finger von anderen Menschen zu lassen. Das heißt aber nicht, dass das immer leicht ist und ein Schnitzel oder beispielsweise der Kollege nicht lecker wären. Zudem ist es so, dass der freie Wille (und die Disziplin) begrenzte Ressourcen sind. Wir haben nicht zu jeder Tages- und Nachtzeit ein voll funktionierendes Großhirn am Start. Hunger, müde, Pipi, kalt, PMS und Infekte – wenn wir körperlich nicht fit sind, übernimmt gern das Steinzeitgehirn das Ruder und mit gut durchdachten und langfristig sinnvollen oder moralischen Verhaltensweisen ist es nicht mehr weit her! Das ist natürlich vereinfacht ausgedrückt, die Funktionsweise des Gehirns ist komplex. Dennoch möchte ich hier für mehr Gelassenheit und Verständnis plädieren, wenn du oder dein*e Partner*in sich nicht vorbildlich großhirnig verhält. Ihr seid Menschen und keine Maschinen. Wenn du also bemerkst, dass einer von euch beiden müde ist oder länger nichts gegessen hat, verschiebe ein Streitgespräch auf einen anderen Zeitpunkt. Anstatt Stress zu machen, macht euch lieber Nudeln!

Nicht dein Zirkus, nicht deine Affen!

Zu oft sehe ich, wie Partner*innen verzweifelt versuchen, das Verhalten des oder der anderen zu kontrollieren, um sich selbst besser zu fühlen oder etwas zu bekommen, was sie sich selbst nicht geben können. Der Mist funktioniert aber nicht – und ist verdammt anstrengend. Du hättest es deutlich leichter und entspannter, wenn du dich auf deine eigenen „Affen" konzentrieren und die deines Gegenübers in Ruhe lassen würdest. Ich mag die Redensart: „Wenn jede*r vor der eigenen Türe kehren würde, wäre überall sauber." Da ist was dran.

Was kannst du in deiner Partnerschaft kontrollieren und was nicht?

Deine Affen, dein Zirkus:

- deine Gedanken
- deine Gefühle – ob und wie glücklich oder unzufrieden du bist
- deine Entscheidungen

- wie viel Energie und Engagement du investierst
- wie offen/ehrlich du bist
- deine Werte
- wie du in deiner Beziehung auftrittst
- wie du deine*n Partner*in behandelst
- wie dankbar du bist
- wie viel Wertschätzung du ausdrückst
- ob du treu bist (oder nicht)

Nicht deine Affen, nicht dein Zirkus:

- wie sich dein*e Partner*in fühlt
- seine oder ihre Gedanken
- wie glücklich oder unzufrieden er oder sie ist
- ob dein*e Partner*in über Gefühle, eure Beziehung oder Sex spricht
- seine oder ihre Werte
- wie viel Energie er oder sie in die Beziehung investiert
- wie dankbar/wertschätzend er oder sie ist
- wie offen/ehrlich dein*e Partner*in ist
- ob er oder sie treu ist (oder nicht)

Gäbe es eine Möglichkeit, deine*n Partner*in nach deinen Wünschen zu verändern und zu kontrollieren, irgendwer hätte sie schon erfunden und verkauft! Doch im Ernst: Du wirst dir die Zähne ausbeißen, wenn du versuchst, die Gedanken und Gefühle deines oder deiner Liebsten zu manipulieren. Dein*e Partner*in hat eine andere Erziehung genossen, andere Erfahrungen gemacht, ein anderes Weltbild und Wertesystem aufgebaut, andere Wünsche und Vorstellungen entwickelt als du. Das solltest du respektieren! Selbst wenn ihr seit Teenagertagen zusammen seid, seid ihr keine siamesischen Zwillinge.

Wir alle wollen so geliebt werden, wie wir sind – und nicht so, wie andere uns haben wollen. Wenn du dir einen Gefallen tun willst, kümmere dich um deine Angelegenheiten und lass andere Menschen in Ruhe so sein, wie sie sein wollen. Und hör auf, dich für andere zu verbiegen, bis du dich selbst nicht mehr erkennst!

Das heißt nicht, dass ihr nicht über Wünsche reden sollt und gemeinsam Veränderungen in eurer Beziehung vornehmen könnt. Dazu mehr im Kapitel „So pflegst du deinen Beziehungsgarten“.

KAPITEL 2

Beziehungsfindungs- und Verliebtheitsphase

Frisch verliebt sein kann jede*r! Es ist nicht schwer, durch die rosa Brille die schönsten Aspekte einer Person zu sehen und den Rest zu ignorieren. Es ist nicht schwer, hormongeschwängert dreimal täglich das Bett zu zerwühlen. Und nein, das hat hinten und vorne nichts mit wahrer Liebe zu tun, nur weil sie mühelos gelingt und sich so wunderbar unbeschwert anfühlt.

Verliebtheit wird überbewertet. „Verliebtheit ist in ihrer angeblichen Schicksalshaftigkeit trivial", schreibt Nils Pickert in seinem Buch *Lebenskompliz*innen: Liebe auf Augenhöhe* (2022, 63). Weiter vergleicht er die Liebe mit einem Buch, das man zwar fertig haben, aber nicht schreiben will. Man will sich von keinem Lektorat sagen lassen, was man verbockt hat und wo man nachbessern muss. Aber nur so wird es auf Dauer hinhauen. Nur wenn beide Partner*innen bereit sind, die Verantwortung für ihre Gedanken, Gefühle und Handlungen zu übernehmen und an ihrem gemeinsamen „Buch“ zu arbeiten, zu feilen, zu korrigieren und von Zeit zu Zeit überholte Kapitel neu zu schreiben, wird ihnen ihre Beziehung gelingen.

Auch hier gibt es ein paar unbequeme Wahrheiten, die wir uns jetzt anschauen.

Deine Beziehung macht dich nicht glücklich

Ja, du hast richtig gelesen. Deine Beziehung macht dich nicht glücklich!

Am Beginn einer Beziehung tanzen die Hormone Salsa und es fühlt sich fälschlicherweise so an, als wäre es die Beziehung oder die andere Person, die dir diese Gefühle beschert. Tatsächlich sind es aber deine Gedanken in Kombination mit einem Cocktail aus Hormonen und Neurotransmittern in deinem Gehirn. Im Gehirnscanner sieht eine Verliebtheit ähnlich aus wie ein Drogenrausch mit dem harten Zeug!

Die hormonelle Gehirnvergiftung setzt dir eine rosa Brille auf die Nase und lässt dich auf Wolke sieben schweben. Dein Gegenüber wird zu einem Objekt der Begierde, von dem du nicht mehr die Finger lassen kannst. In dieser Phase kannst du dir nicht mal im Traum vorstellen, dass dieser Mensch auch negative Seiten haben und dir fürchterlich auf die Nerven gehen könnte.

Diese Phase dauert üblicherweise nur einige Monate bis maximal zwei Jahre. Dann übernimmt das sogenannte Kuschelhormon Oxytocin das Steuer und die Hochgefühle verwandeln sich in gemütliche und leise Liebestöne. Das hat die Natur verdammt gut eingerichtet, denn auf Dauer im Rausch zu schwelgen, wäre viel zu anstrengend.

Irgendwann kracht also jedes Paar von der Wolke sieben auf den Boden der Tatsachen und fragt sich, wo denn die Leidenschaft geblieben ist – und wünscht sich das Kribbeln zurück.

Anstatt dem Hochgefühl hinterherzuhecheln, ist es sinnvoller, ein Gefühl von Zufriedenheit zu kultivieren, schreibt Leon Windscheid in seinem großartigen Buch *Besser fühlen* (2021). Glücksgefühle sind sehr flüchtig und permanent danach zu streben, macht unglücklich.

Wenn du glaubst, dass deine Beziehung dafür zuständig ist, dich mit Glücksgefühlen zu fluten, wirst du enttäuscht sein. Denn das wird sie nicht tun. Das heißt nicht, dass hier irgendwas falsch läuft oder du die falsche Person gewählt hast. Es ist vielmehr so: So was wie eine glückliche Beziehung gibt es nicht. Du wirst in deiner Beziehung glückliche Momente erleben und weniger glückliche. Du wirst erfüllende Momente erleben und schmerzhafte.

Schmerz ist in einer längeren Beziehung unvermeidbar. Aber ob du darunter leidest, ist deine Entscheidung.

Je mehr du akzeptieren kannst, dass du für dich und dein Glück selbst verantwortlich bist und damit rechnest, dass ihr euch gegenseitig auch verletzen werdet, desto entspannter gehst du mit Krisen und Verletzungen um. Angenehm sind sie dann auch nicht, aber du hast zumindest damit gerechnet und wirst nicht völlig überrascht.

Es ist nicht die Aufgabe deiner Beziehung, dich glücklich zu machen. Es ist deine Aufgabe!

Jede Beziehung beginnt mit einem Illusionsvertrag

Wenn du mit einer neuen Person eine Beziehung eingehst, hast du zunächst keine Ahnung, wie diese Person tickt, was sie mag und was nicht und wie sie sich in schlechten Zeiten verhalten wird. Du hast keine Ahnung, wie sich die Dynamik eurer Beziehung entwickeln wird und wer du in dieser Partnerschaft sein wirst.

Jede Beziehung beginnt mit einem Illusionsvertrag. Diese Formulierung verwendet der Sexualwissenschaftler Christoph Joseph Ahlers (2017). Zu Beginn ist dein*e Partner*in wie ein unbeschriebenes Blatt

– eine weiße Leinwand, auf die du nun mit deinen eigenen Farben ein Bild deiner oder deines Liebsten malst.

Auf dieses Bild malst du all deine Träume, Wünsche, Sehnsüchte und Erwartungen. Dafür benutzt du die schönsten Farben und Formen. Du glaubst, dass du von nun an nie mehr allein sein wirst, jederzeit erfüllenden Sex hast, spannende Gespräche führst. Du fühlst dich schön, sexy und geliebt.

Dein*e Partner*in macht das auch. Das ist euer Vertrag. Im Idealfall redet ihr über alte Verletzungen, eure Träume und Hoffnungen. Viele tun das nicht.

Im Laufe der Zeit bröckeln deine Farben von der Leinwand des oder der anderen und die eigenen Farben der anderen Person kommen zum Vorschein. Die Leinwand war nicht weiß, sondern bereits ein vollständiges Bild. Möglicherweise gefällt dir das echte Bild nicht so sehr wie deine Illusion. Möglicherweise kommen düstere und dunkle Seiten deines Gegenübers zum Vorschein.

Es ist ein bisschen so wie Instagram und die Realität. Das sind zwei Paar Schuhe! Selbst wenn ihr euch gegenseitig erzählt habt, was ihr euch voneinander wünscht, werdet ihr das nicht erfüllen. Und es ist auch nicht eure Aufgabe! Niemand lebt für eine andere Person auf diesem Planeten. Diese überzogenen Erwartungen an eine Beziehung sind unmenschlich und, wie ich es gern nenne, instagrammisch!

Ob du es willst oder nicht – jede Beziehung geht durch diese vier Phasen:

1. Verliebtheitsphase – hohe Motivation, niedrige Kompetenz (Illusion und bunte Farben)
2. Realitätsphase – die Motivation sinkt, die Kompetenz steigt (Farben bröckeln)
3. Krisenphase – sehr niedrige Motivation, hohe Kompetenz (es wird düster)
4. Entwicklungsphase – Motivation und Kompetenz sind hoch (Akzeptanz der Realität)

Um von einer Krisenphase durch die Entwicklungsphase zu kommen, braucht es die Bereitschaft, sich mit der Realität zu befassen, anstatt sich die Illusion zurückzuwünschen. Dein*e Partner*in ist ein Mensch mit positiven und negativen Eigenschaften. Du bist ein Mensch mit positiven und negativen Eigenschaften. Und das ist gut so!

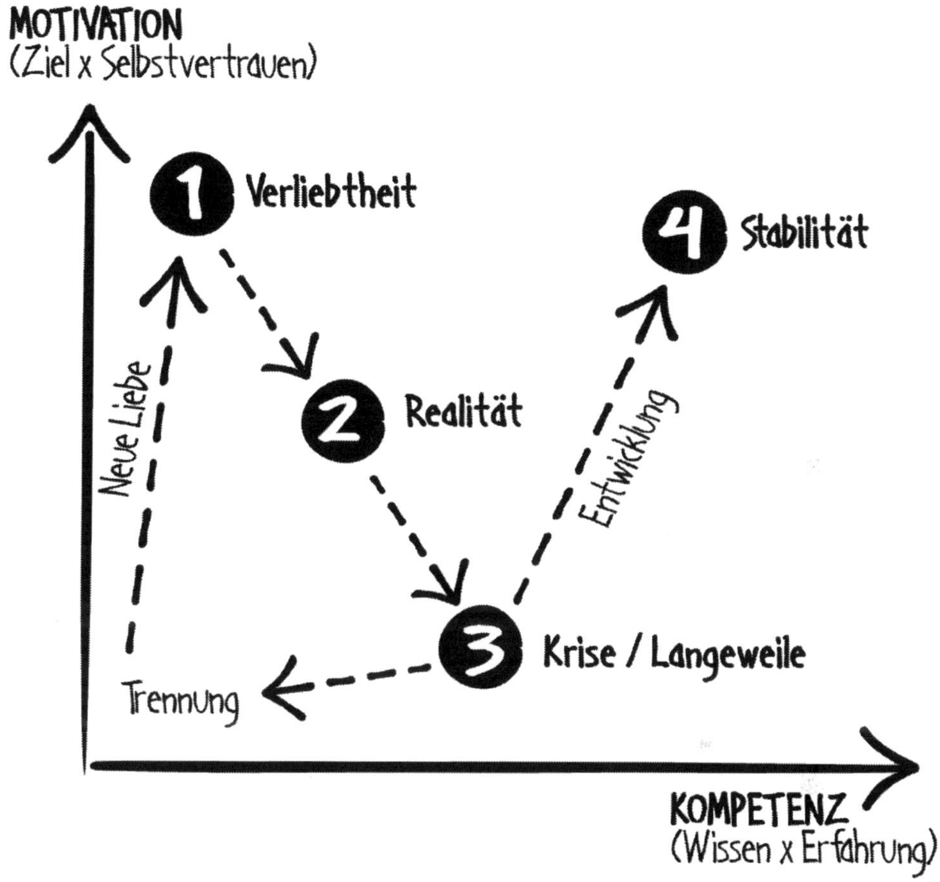

Ein wichtiger Baustein für eine erfüllende Langzeitbeziehung ist die Akzeptanz eurer Persönlichkeiten. Ihr dürft euch zusammenraufen und lernen, wie ihr miteinander umgehen wollt. Im Kapitel „So pflegst du deinen Beziehungsgarten“ schauen wir uns das genauer an.

Natürlich kannst du auch jederzeit eine Beziehung beenden, die deinen Wünschen nicht entspricht, und eine neue Illusion anfangen. Es ist dein Leben und du entscheidest, wie du es leben willst!

Die Hollywood- und Disneyseuche

Nicht nur Instagram schürt unrealistische Erwartungen an eine Partnerschaft. Hollywood und Disney tun das auch. Seltsamerweise ist es den wenigsten Menschen bewusst, doch die Filmindustrie prägt unser Weltbild und Wertesystem enorm. Hauptsächlich beeinflussen uns Filme im Bereich der Romantik. Oder hast du schon jemanden gesehen, der sich nach dem Film *Transformers* im Autohaus beschwert, wenn sich seine Karre nicht in einen Roboter verwandelt?[6] Anders ist das im Bereich der Liebe: Ist die eigene Beziehung nicht so romantisch wie in *Pretty Woman* oder *Dirty Dancing*, ist sie plötzlich nichts mehr wert und eine große Enttäuschung.

Mach hier mal eine Pause und überlege dir, welche Filme und Bücher du konsumiert hast, bevor du deine erste Beziehung hattest. Wo fängst du an zu seufzen und zu zerfließen, wenn du an eine romantische Szene denkst? Welche Filme, Serien und Bücher haben dich geprägt?

Ist dir mal aufgefallen, dass die allermeisten Liebesfilme nur die Beziehungsfindungsphase zeigen? Auch viele Märchen enden mit einer Trauung! Sobald sich das Traumpaar endlich in den Armen liegt, heißt es „Happy End“!

Doch das Happy End ist eine Lüge. Denn entweder sind beide happy, dann will niemand, dass es endet. Oder die Beziehung endet, weil eine Person nicht mehr happy war. Ein Film kann happy enden – aber keine Partnerschaft. Lass dich nicht verarschen!

Ebenso wenig hat der Sex in Pornos oder in Filmen wie *Fifty Shades of Grey*[7] auch nur ansatzweise Ähnlichkeit mit dem Sex in einer echten Beziehung im echten Leben. Auch dann nicht, wenn du den Soundtrack im Schlafzimmer abspielst. Und Fremdgehen muss nicht zwingend mit toten Kaninchen[8] oder toten Liebhabern[9] enden.

Dass Untreue so schlimm für viele ist, liegt mitunter auch an solchen Erzählungen. Selbst diejenigen, die es ganz gut wegstecken, wenn der oder die Partner*in eine Affäre hatte, zweifeln an sich, weil sie glauben, dass sie mehr Drama machen und ausflippen sollten. Es lohnt sich, unsere medialen Gewohnheiten auf solche eindimensionalen Erzählungen zu überprüfen. Filme sind Filme, Märchen sind Märchen – das Leben ist fast immer facettenreicher.

KAPITEL 3

Familiengründung und Alltag

Wenn es ein Paar über die Verliebtheitsphase hinaus geschafft hat, stellt sich irgendwann die Frage, wie es jetzt weitergeht.

- Heiraten?
- Kinder?
- Haus?
- Hund?
- Hamster?
- In welcher Reihenfolge?

Das Gehirn tut sich schwer mit unklaren Absichten, vor allem in Beziehungsdingen. Irgendwann wollen beide wissen, was das jetzt „mit uns“ ist. Wir sind gesellschaftlich geprägt auf: verliebt -> verlobt -> verheiratet -> Kinder kriegen -> bis dass der Tod uns scheidet. Eine richtige Beziehung muss irgendwohin führen und ein Ziel verfolgen.

Das ist auch völlig fein. Allerdings ist die Zeitspanne von der Hochzeit bis zum Flüggewerden der Kinder nicht ganz leicht und von vielen Herausforderungen geprägt. Das sagt einem nur niemand, bevor man heiratet.

Kinder, die Krönung der Liebe – oder der Anfang vom Ende?

Die Vorstellung, Kinder zu bekommen, ist in unserer Gesellschaft so romantisch verklärt, dass es zum Heulen ist! Die Versprechungen, sich in einer Familie erst so richtig komplett zu fühlen und für immer bedingungslos geliebt zu werden, werden sich so nicht erfüllen.

Kinder kriegen ist für viele Beziehungen eine massive Zerreißprobe und stellt viele Paare vor Herausforderungen, auf die sie nicht vorbereitet waren. Erst wenn man selbst Kinder hat, sagen andere:

- „Ja, das war eine verdammt schwere Zeit!“
- „Boah, unsere Tochter hat das erste Jahr nur geschrien!“
- „Sex haben wir seit der Geburt unseres zweiten Kindes gar keinen mehr. Das war vor sechs Jahren!“
- „Ständig mischt sich irgendwer ein und will uns erzählen, wie man richtig mit Kindern umgeht. Das macht mich wahnsinnig!“
- „Wir sind seit elf Jahren nicht ein einziges Mal allein ausgegangen.“

Liebe braucht keine Krönung und abgesehen davon kannst du Gefühlen ohnehin kein Krönchen aufsetzen. Das ist völliger Humbug!

Wenn ich auf dem Fragebogen vor einer Beratung nach dem prägendsten Ereignis im Leben frage, beantworten das die meisten Frauen und auch viele Männer mit der Geburt des ersten Kindes oder der Kinder. Auch für mich war diese Zeit prägend. Als wir Kinder bekommen haben, haben sich meine Persönlichkeit und unsere Partnerschaft extrem verändert. Der Identitätswechsel von einer selbstbestimmten, freien Frau zu einer Mutter, an der ständig ein Kinderkörper hängt, war einer der schlimmsten, den ich in meinem Leben durchgemacht habe.

Vor den Kindern habe ich die Zeit ohne meinen Mann sehr genossen und es geliebt, wenn er auf Reisen war. Wir beide waren unabhängig und frei. Mit zwei kleinen Kindern war schon ein achtstündiger Arbeitstag meines Mannes die Hölle und ich war froh, wenn er am Abend nach Hause kam, damit ich ihm die Kinder übergeben konnte.

„Was, du willst fünf Tage wegfahren? Bist du übergeschnappt? Dann erschieße ich mich!" So ungefähr habe ich reagiert, wenn er laut überlegt hat, den Lifestyle wieder aufzunehmen, den wir gewohnt waren. Später hörte ich mich Sätze sagen, die ich als Kind gehasst habe. Ich wurde mehr und mehr wie meine Mama. Dabei waren wir in einer sehr komfortablen Situation: Wir arbeiteten beide in Teilzeit, kümmerten uns gleichberechtigt um die Kinder und den Haushalt, wir hatten beide Großelternpaare in der Nähe und sie waren happy, unsere Kinder betreuen zu dürfen. Doch trotzdem waren die Veränderungen krass und ich fühlte mich schrecklich. Damals kannte ich die Coaching-Tools noch nicht, die ich heute kenne, und erst als mir bewusst wurde, welchen Einfluss meine Gedanken auf meine Gefühle haben, konnte ich die Rolle der Mutter halbwegs akzeptieren und manchmal sogar genießen.

Sehr viele Paare, die zu mir in die Beratung kommen, haben weder Großeltern noch Gleichberechtigung und kämpfen sehr mit dem Rollenwechsel von Partnern zu Eltern. Vor allem Männer können nur wenig nachvollziehen, wie stark sich eine Frau durch die Kinder verändert. Nicht wenige Affären von Männern entstehen während der Schwangerschaft ihrer Partnerin oder währen des Wochenbetts. Denn auch Väter kommen mit ihren Gefühlen nicht klar, haben Ängste und spüren den Druck einer nie gekannten Verantwortung.

Einige tun sich schwer damit, von der Haupt- zur Nebenrolle degradiert zu werden und leiden unter dem Wegbrechen der vollen Aufmerksamkeit ihrer Partnerin und eines regelmäßigen Sexlebens. Da sind die Avancen der Arbeitskollegin wie Wasser auf ein vertrocknetes Pflänzchen! Und falls es Paare schaffen, eine Weile treu zu sein und gemeinsam weiterzumachen, hört der Stress ja nicht auf. Einschulung, Schulwechsel, Homeschooling während Corona, Pubertät, Liebeskummer, Schulabschluss und vieles mehr.

Kinder großzuziehen ist anstrengend und dauert eine Weile – etwa 20 bis 30 Jahre, je nachdem, wie viele es sind. Wie utopisch ist es, sich diese ganze Zeit als ewig währende Flitterwochen und immer funktionierendes Team mit romantischer Familienzeit vorzustellen? Auch Eltern sind nur Menschen – und viele haben nie gelernt, emotional erwachsen zu handeln und die Verantwortung für die eigenen Gedanken und Gefühle zu übernehmen.

Kinder zu haben, also aus zwei Menschen eine mehrköpfige Familie zu machen, ist krasser Scheiß und wenn du nicht aufpasst, kann die Gründung einer Familie tatsächlich der Anfang vom Ende sein. Das heißt nicht, dass niemand Kinder kriegen sollte, doch dir sollte einfach nur bewusst sein, dass eine Familie noch viel mehr Arbeit bedeutet als „nur" eine Beziehung.

Meine Persönlichkeitsentwicklung und die vielen psychologischen Ausbildungen haben mir geholfen, meine Mutterrolle so zu leben, wie ich es möchte. Heute sind beide Kinder fast erwachsen und ich genieße es sehr, mit diesen großartigen Menschen (noch) in einem Haushalt zu leben und Zeit mit ihnen zu verbringen!

Es hat übrigens auch Vorteile für die Beziehung, eine Familie zu sein. Paare mit Kindern sind eher gewillt, eine Krise zu meistern und nach einer Affäre nicht einfach hinzuschmeißen – weil es etwas gibt, was größer ist als sie selbst und wichtiger als das eigene Ego.

Tipps für Eltern, die weiterhin ein Liebespaar sein wollen

Tipp 1: Priorisiere deine Beziehung

Viele Paare verschieben unbewusst ihre Wertehierarchie, sobald sie Kinder bekommen. Oft erlebe ich, dass den Vätern die Beziehung und der Sex weiterhin wichtig sind. Die Mütter setzen jedoch die Kinder an die erste Stelle, weil sie aufgrund der gesellschaftlichen Erwartungen glauben, nur dann eine gute Mutter zu sein. Deine wichtigsten Werte sind die Dinge, um die du dich automatisch am meisten bemühst.

- Stufe deine Partnerschaft wichtiger ein als deine Kinder! Das heißt nicht, dass du deine Kinder vernachlässigen sollst oder sie weniger liebst als deine*n Partner*in.
- Stufe deine Partnerschaft wichtiger ein als deine Karriere! Auch wenn du glaubst, nur dann deine Familie gut zu versorgen, wenn du dich voll in die Arbeit stürzt.

In einer gesunden, lebendigen und sexuellen Beziehung wachsen Kinder viel besser auf als in einer heruntergekommenen Partnerschaft, in der beide Partner einander abends nur noch die kläglichen Reste ihrer Kraft und ihres Strahlens zukommen lassen.

Tipp 2: Priorisiere dein Sexleben

Wem Geld nicht wichtig ist, hat keins. Wem ein Papagei oder ein Sportwagen nicht wichtig ist, hat keinen. Wenn dir Sex nicht wichtig ist – rate mal!
Frage: Worin unterscheidet sich eine Eltern-WG und ein Liebespaar?
Antwort: Richtig, das Liebespaar vögelt miteinander!

Der Sexualtherapeut David Schnarch (2006) rät Paaren mit Kindern, dass es völlig okay ist, wenn die Kinder eine gesunde Sexualität der Eltern mitbekommen. Deshalb müsst ihr nicht das Haus zusammenschreien. Mich hat das sehr entlastet und ich konnte mich wieder fallenlassen, ohne ständig auf die Tür zu schielen, ob die Kids reinkommen.

„Was soll ich denn noch alles machen!", stöhnen viele, deren Partner*innen ein stärkeres Verlangen nach Sex haben als sie selbst. Viele denken, dass der stressige Alltag und die anstrengenden Kinder den Sex verderben. Nein, dafür ist das Gehirn zuständig. Wenn du denkst, dass Sex ein weiteres To-do ist, das du abarbeiten musst, ist das nicht sehr lustfördernd. Dabei können auch Mütter und Väter sinnliche Personen sein und weiterhin Spaß am Sex haben.

Tipp 3: Priorisiere Zeit zu zweit

Schon verrückt, wenn ich mit Paaren arbeite, die seit Jahren oder Jahrzehnten keine einzige Nacht ohne ihre Kinder verbracht haben und so gut wie gar keine Zeit zu zweit verbringen. Entweder langweilen sie sich gegenseitig so sehr, dass sie Paarzeit vermeiden, weil es ihnen keinen Spaß macht, oder sie vermeiden Paarzeit, um sich keinen unangenehmen Situationen und Gefühlen stellen zu müssen. Manche glauben auch, dass sie sich Zeit zu zweit nicht rausnehmen dürfen oder können.

Unsere besten Aktionen für die Beziehung waren unsere Tandem-Transalp-Reisen (Mittermaier 2015), unsere Bergtouren und Liebes-Wochenenden, die wir ohne Kinder unternommen haben. Die beiden waren bei Oma und Opa gut aufgehoben und wir hatten Zeit nur für uns. Unternehmungen ohne Kinder führen zu tieferen Gesprächen und zu mehr Nähe als Unternehmungen mit der Familie. Beides ist schön und beides sollte geschickt ausbalanciert werden.

Übrigens, diese Tipps gelten auch für kinderlose Paare!

Der Alltag frisst uns auf

Hast du schon mal von dem gefräßigen Monster namens Alltag gehört? Er muss einen riesigen Schlund haben, um ganze Menschen und Partnerschaften auffressen zu können. „Wir haben uns im Alltag verloren“ ist ein weiterer Spruch, den ich sehr oft in meiner Arbeit höre. Als könnten sich Partner*innen nicht mehr sehen, wenn der ominöse Alltag die Sicht vernebelt.

Unsere Sprache zeigt sehr schön, wie wir Situationen einsortieren und bewerten. Gerade an diesen Alltagssprüchen erkenne ich, dass Paare denken, ihre äußeren Umstände wären dafür verantwortlich, wenn sie sich „auseinanderleben“. Doch der Alltag hat damit nichts zu tun. Er kann nix auffressen und produziert auch keinen Nebel. Alltag ist das, was du jeden Tag tust. Dein Alltag wird bestimmt von Routinen und Abläufen, von Terminen und Zeitfenstern. Du bestimmst deinen Alltag und du entscheidest, wie du deine Zeit verbringst.

- „Aber ich muss doch zur Arbeit!“ – Nein, musst du nicht. Du möchtest zur Arbeit, weil du nicht unter einer Brücke wohnen willst.
- „Aber ich muss doch mit den Kindern Hausaufgaben machen!“ – Nein, musst du nicht. Du möchtest das tun, weil du Angst hast, dass sie sonst in der Schule nicht zurechtkommen, weil du glaubst, dass man das so macht oder weil du dich als Mutter/Vater darüber definierst, wie gut deine Kinder in der Schule sind. Es ist *deine* Entscheidung!
- „Aber ich muss doch kochen, putzen, waschen!“ – Nein, musst du nicht. Du möchtest etwas Warmes essen, du möchtest eine saubere Bude haben und ordentliche Klamotten tragen.

Der „Alltag“ ist eine Reihe von Absichten und Entscheidungen, die die meisten Menschen unbewusst treffen und dabei ein Gefühl von Unfreiheit und Verpflichtung erzeugen, weil sie denken, dass sie all das tun müssen.

Um deinen Alltag abwechslungsreich und lebendig zu gestalten, darfst du in deine Abläufe Abwechslung reinbringen und dir klar darüber sein, was dich lebendig sein lässt und wie du deine Zeit wirklich verbringen willst. Und wenn ich sage „du darfst", dann heißt das, dass du es wirklich darfst. Du kannst es dir erlauben – du solltest es dir sogar erlauben, wenn du dein Leben so gestalten willst, wie es dir gefällt.

Du darfst dir deine Intentionen bewusst machen, dir also überlegen, was du wirklich tun willst und was nicht. Streiche die Dinge, die du nur tust, weil du denkst, dass du sie tun musst. Setze mehr Dinge auf die Liste, die du wirklich tun willst – und vor allem: Triff bewusste Entscheidungen darüber, wie du die 24 Stunden deines Tages füllen möchtest.

Im Idealfall besprichst du das mit deinem oder deiner Partner*in. Wenn ihr glaubt, euch wiederfinden zu müssen, wird das eine anstrengende Suche.

Dafür braucht ihr allerdings keine drei Wochen Urlaub. Ihr seid schon da! Ihr müsst nur miteinander reden, vögeln und Quality-Time (ohne Kinder) verbringen. Das könnt ihr als Routinen und Rituale in euren Alltag einbauen. Eine wichtige Voraussetzung dafür: Ihr mögt euch und habt Bock, Zeit miteinander zu verbringen!

Wenn ihr keine Lust auf euch und eure Partnerschaft habt und ihr euch nicht als hohe Priorität einstuft, werden alle Versuche, euch Zeit füreinander zu nehmen, im Sande verlaufen. Da helfen auch keine sorgfältig geplanten Date-Nights. Eine Handlung ohne die dazugehörige Motivation ist für das Gehirn anstrengend. Wenn nicht gewissermaßen das Überleben davon abhängt, wird die Paarzeit einfach hinten runterfallen.

KAPITEL 4

Lügen über Beziehung und Sex

Wenn du bis hierhin gelesen hast, dann hast du schon mitbekommen, dass vieles, was wir über Liebe und Beziehung gelernt haben, schlicht Bullshit ist. In diesem Kapitel möchte ich ein paar Lügen aushebeln, die einer guten Beziehung und einer erfüllenden Sexualität im Weg stehen.

Guter Sex ist in langen Beziehungen möglich, aber keine Selbstverständlichkeit – und vor allem kein Selbstläufer. Du darfst dir einige Dinge bewusst machen und die Pseudo-Wahrheiten, die in der Gesellschaft herumwabern, hinterfragen.

„Sexprobleme sind eine Folge von Beziehungsproblemen."

Es kann sein, dass eure Streitereien, unterschwelliger Groll, zu wenig Intimität und Nähe oder andere Beziehungsprobleme mit einer unbefriedigenden Sexualität zu tun haben. Der Umkehrschluss wäre: Wenn ihr alle Probleme löst, rammelt ihr wieder wie die Karnickel. Tja, das wird leider nicht passieren. Selbst in den liebevollsten Beziehungen herrschen phasenweise Sexflauten. Warum?

Die Sexualität in der Langzeitbeziehung ist viel komplexer, als du vielleicht glaubst. Hier spielen eine Menge Faktoren eine Rolle:

- Hormone: Die hormonelle Gehirnvergiftung einer frischen Verliebtheit sorgt dafür, dass wir die meiste Zeit einer neuen Beziehung im Bett verbringen. Doch irgendwann ist die Hormonparty vorbei und das Bett nicht mehr ganz so spannend.
- Unterschiedliches Verlangen: Es ist normal, dass sich das Verlangen nach Intimität und Sex in festen Beziehungen unterschiedlich entwickelt. Eine Person will mehr, die andere weniger vögeln. Mangelgefühle, also zu wenig Sex, heizen die Lust zusätzlich an, während Druck und ein ständiges Überangebot die Lust mindern.
- Gedanken und Gefühle: Wie wir später noch sehen werden, entstehen Gefühle durch die Gedanken, die wir denken. Lust und Begehren sind Gefühle, für die es lustvolle Gedanken braucht. Nicht alle Menschen denken ständig an Sex.
- Stress: Manche Menschen wollen Sex, um Stress abzubauen, andere müssen erst einen entspannten Zustand erreicht haben, um auch nur ansatzweise an Sex denken zu können. Oft bilden diese beiden ein Paar.
- Harmonie und Liebe: Begehren bedeutet, etwas haben zu wollen. Zu viel Harmonie und gemütliche Liebe erzeugen kein Begehren – im Gegenteil. Konflikte unter den Teppich zu kehren, nur um des lieben Friedens willen, ist kontraproduktiv. Für Erotik braucht es Spannung!

- Groll: Unterschwelliger Groll und nicht ausgetragene Konflikte sorgen für null Bock im Bett. Wenn du sauer auf deine*n Partner*in bist, weil er oder sie dich nicht genug unterstützt, warum solltest du dann Lust auf Sex haben?
- Körpergefühl und Selbstbild: Völlegefühle nach dem Essen, Krankheiten, Alkohol, Müdigkeit, zu wenig Bewegung und ein negatives Selbstbild wirken sich negativ auf sexuelle Leidenschaft und auf die Lust aus.
- Langeweile: Der sogenannte Coolidge-Effekt (zum Beispiel beschrieben in Ryan/Jethá 2016, 328) besagt, dass sich Überdruss einstellt, wenn man über einen langen Zeitraum immer mit derselben Person vögelt. Das Gehirn mag Abwechslung.
- Sicherheit: Sich des Partners oder der Partnerin zu sicher zu sein und ihn oder sie als Selbstverständlichkeit zu sehen, nie getrennt zu verreisen und ständig aufeinander zu hocken vermindert ebenfalls die Spannung, die es braucht, um Lust auf Sex zu haben.

Um Sexproblemen auf den Grund zu gehen, braucht es viele Gespräche und idealerweise jemanden, der sich damit auskennt. Bücher über Sexualität oder eine Sexualberatung können hier sehr erhellend und hilfreich sein. Dabei ist die Person, die weniger Lust hat, nicht allein dafür verantwortlich, dass es im Bett nicht läuft. Die Person, die weniger Lust hat, ist nicht kaputt und muss nicht repariert werden. Manchmal ist der Sex, den die Person bekommt, nicht sehr befriedigend und reizvoll. Und manchmal geht es um etwas völlig anderes.

Hier braucht es neugieriges und geduldiges Erforschen eurer Lust und Unlust sowie offene und manchmal schmerzhafte Gespräche über Sex. Für richtig guten Sex muss man sich nackig machen. Und zwar innerlich!

„Leidenschaft geht in Langzeitbeziehungen flöten, da kann man nix machen."

Die Leidenschaft geht nicht einfach flöten. Lust und Begehren sind Gefühle, die durch Gedanken und innere Bilder ausgelöst werden. Die Hormone tanzen nur am Anfang! Im Laufe einer Beziehung darfst du dann deine Sinnlichkeit und die Erotik in deiner Beziehung bewusst kultivieren.

Um herauszufinden, was mit der Leidenschaft los ist, darfst du wissen, wie du in deinem Gehirn auf dein sexuelles Gaspedal trittst und durch welche Gedanken du auf die Bremse drückst. So veranschaulicht es die US-amerikanische Sexualpädagogin Emily Nagoski (2017). Um mehr Leidenschaft und Lust zu aktivieren, darfst du den Fuß (das Gehirn) von der Bremse nehmen und dann aufs Gas drücken. Wie das für dich funktioniert, musst du ausprobieren und neugierig erforschen. Diese Fragen helfen dir dabei:

- Betrifft die Lustlosigkeit nur die aktuelle Partnerschaft – oder auch andere Menschen und frühere Beziehungen?
- Was ist mit Flirts außerhalb meiner Beziehung? Bekomme ich darüber Lust auf Sex?
- Was macht mich an?
- Wie törne ich mich an?
- Was tue ich, um die Lust abzuschalten? Wie genau drücke ich die Bremse?
- Was macht mich neugierig?
- Wie fühlt sich mein Körper an?
- Wie fühlt sich der Körper meines oder meiner Partner*in an?
- Habe ich körperliche Unsicherheiten, die mich vielleicht gerade blockieren? Was hält mich davon ab, darüber zu sprechen?
- Welche Fantasien kann ich selbst erzeugen? Welche inneren Bilder und Filme kann ich sehen? Was hilft mir, diese Fantasien zu bekommen? Bücher, Filme, Flirts?
- Was würde ich gerne erleben? Sex mit einem/einer Fremden, an

verrückten Orten, in der Öffentlichkeit, mit mehreren Personen, mit meinem oder einem anderen Geschlecht?

- Was kann ich selbst tun, um mich (wieder) sinnlich zu fühlen?
- Wie würde ein erfülltes Sexleben für mich aussehen? Was bedeutet Erotik für mich?
- Was habe ich früher getan, um meinen oder meine Partner*in in den (positiven, lustvollen) Wahnsinn zu treiben?
- Kann ich mich einlassen? Hingeben? Genießen?

Es ist sehr viel weniger wichtig, wie oft du Sex hast, wie du Sex hast, wann du Sex hast und mit wem du Sex hast.

Viel wichtiger ist, was du denkst und fühlst, bevor und während du Sex hast. Deine Fantasie, deine Genussfähigkeit und deine Sinnlichkeit helfen dir, das Verlangen auch in einer Langzeitbeziehung zu bewahren. Das heißt nicht, dass du immer megaheißen Supersex oder Starkstromsex, wie David Schnarch ihn bezeichnet (Schnarch 2006), haben musst. Es ist völlig okay, ganz normalen „Ehesex" zu haben und auch mal nicht zum Orgasmus zu kommen.

„Kinder zerstören die Erotik."

Das Thema hatten wir schon. Deine Kinder zerstören nicht die Erotik – das ist eine faule Ausrede. Mit Kindern ist es schwerer, spontan übereinander herzufallen. Mit Kindern bleibt nicht mehr so viel Zeit für Sex wie ohne. Aber wenn es euch wichtig ist, eure Sexualität aufrechtzuerhalten und weiterhin ein Liebespaar zu sein, investiert ihr die Energie, um das möglich zu machen.

Anstatt euch als Individuen und erotische Persönlichkeiten völlig in der Elternschaft aufzulösen, dürft ihr diese Anteile bewusst im Auge behalten. Dafür schafft ihr euch auch in einem stressigen Alltag kleine Liebesinseln, tragt Sexdates fest in den Kalender ein oder heuert einen

Babysitter an, um euch für alltagsfernen Hotelsex zu verabreden. Wer will, findet Wege – wer nicht will, findet Ausreden.

Wenn du jedoch ganz froh bist, dass du die Kinder vorschieben oder Kopfweh vortäuschen kannst, wird es Zeit, sich mit der Motivation und der eigenen sexuellen Identität zu beschäftigen. Zum Beispiel mit diesen Fragen:

- Bist du ein sinnliches Wesen?
- Möchtest du Sex haben?
- Mit deinem oder deiner Partner*in?
- Oder lieber mit anderen?
- Wie wichtig ist dir Sex?

Ebenso wie der Alltag nichts auffressen kann, zerstören auch deine Kinder nicht die Leidenschaft. Es sind immer die Partner*innen, die die Leidenschaft ziehen lassen. Es „passiert" ihnen nicht einfach – vielmehr tragen sie die Verantwortung dafür, denn sie legen keine Priorität darauf.

„Erotische Fantasien sind verwerflich."

In einem Podcast-Interview mit der Psychologin Claudia Huber haben wir über Erotik in der Langzeitbeziehung gesprochen und ich habe offen erzählt, wie ich mein sexuelles Gaspedal drücke und mir Flirts und erotische Fantasien helfen, um mich in eine sexy Stimmung zu versetzen.[10]

Ich liebe und begehre meinen Mann und ich finde ihn sehr attraktiv. Doch allein sein Anblick versetzt mich nicht in Stimmung. Es gibt Unterschiede in der weiblichen und männlichen Sexualität, wobei die weibliche narzisstisch motiviert, also davon angeheizt wird, dass sich die Frau im Verlangen der Sexpartner*innen selbst spiegelt, erklärt die weltweit führende Paartherapeutin Esther Perel (Perel 2020). Die männliche Lust reagiert auch meiner Erfahrung nach stärker auf visuelle Reize, zum Beispiel eine leichtbekleidete Frau, ein tiefer Ausschnitt, sexy

Unterwäsche. Das ist natürlich nicht immer und bei allen Menschen so, Ausnahmen bestätigen die Regel – doch deckt sich das mit meinen eigenen Beobachtungen. Mein Gehirn reagiert auf Reize wie verbotene Affären, Sex mit anderen Männern, Dreier- und Gangbang-Fantasien. Der Unterschied zwischen sexuellen Fantasien und Wünschen ist, das erstere nicht zwingend dazu gedacht sind, ausgelebt zu werden. Eine heimliche Affäre kommt für mich nicht infrage, weil ich es hasse zu lügen. Gangbang würde für mich im echten Leben niemals funktionieren, weil eins meiner sexuellen Elemente „Erde" (Stephani 2022) ist und für mich Bindung wichtig ist, um mich auf jemanden einlassen zu können. Doch in der Fantasie funktionieren diese Szenarien wunderbar. Wenn sie über einen heißen Flirt auch noch mit einem echten Menschen im echten Leben angefeuert werden, umso besser.

Dafür habe ich mir einige verächtliche Kommentare auf Social Media eingefangen. Eine Frau hat geschrieben: „Wenn man Fantasie braucht, um mit dem eigenen Partner Sex zu haben, stimmt was nicht. Das kann wohl keine Liebe sein und dann ist die Beziehung am Ende."

Aha!

So viele Menschen verstehen die Kraft der Imagination nicht und glauben, dass sich ekstatische Lust durch den bloßen Anblick des Partners einstellen muss. Zu Beginn einer Beziehung mag das so sein, doch später müssen wir unser Gehirn schon selbst einsetzen. Zumindest die Personen, die das geringere Verlangen in der Beziehung und den niedrigeren Testosteronspiegel haben. Was auch normal ist – eine Person will eben mehr, die andere weniger vögeln (Schnarch 2006).

„Untreue ist ein Indikator für Beziehungsprobleme."

Es kann sein, dass die Ursachen für eine Affäre, einen Seitensprung oder regelmäßige Bordellbesuche in der Beziehung liegen. Es muss aber nicht so sein. Es ist ein Mythos, dass Untreue nur in unglücklichen

Beziehungen passiert. Aus unzähligen Beratungen mit glücklichen Paaren weiß ich, dass auch glückliche Menschen fremdgehen.

Erstmal liegt hier die Vorannahme zugrunde, dass irgendwas falsch läuft, wenn jemand fremdgeht. Was biologisch gesehen nicht stimmt. Die Natur freut sich, wenn wir uns mit verschiedenen Menschen paaren! Dennoch kannst du für dich allein oder gemeinsam ergründen, warum trotz einer monogamen Vereinbarung eine*r von euch fremdgegangen ist. Damit lernst du dich besser kennen, im Idealfall lernt ihr euch gegenseitig wieder neu kennen und könnt eure Beziehung tiefer und ehrlicher gestalten.

Gründe für Untreue, die mit der Beziehung zu tun haben:

- sexuelle Unzufriedenheit, unterschiedliches Verlangen, fehlendes Begehren
- Wut und Groll auf den Partner/die Partnerin
- Unsicherheit, ob man die Beziehung noch will, fehlendes Commitment, mangelnde Liebe
- Vernachlässigung, fehlende Wertschätzung (ich nenne das „vertrocknetes Pflänzchen")

Gründe für Untreue, die mit der Beziehung nichts zu tun haben:

- Ego polieren, Selbstwert steigern
- Gelegenheit
- sexuelle Neugierde, Wunsch nach Abwechslung
- Midlife-Crisis, Schicksalsschlag, Identitätswechsel

Eigentlich gibt es nur zwei Gründe, warum Menschen fremdgehen. Es gibt auch nur zwei Gründe, warum Menschen überhaupt tun, was sie tun oder unterlassen:

1. Um ein bestimmtes Gefühl zu bekommen
2. Um ein bestimmtes Gefühl zu vermeiden

Meine Empfehlung: Öffnet euch für die Wünsche, Gelüste, Begierden, Gefühle, Ängste und Mangelgefühle. Viele Paare reden nach einer aufgeflogenen Affäre so offen und ehrlich wie noch nie zuvor. Das ist gut! Damit ergründet ihr, was hier passiert und wie es für euch weitergehen soll. Und natürlich ist es jedem Menschen selbst überlassen, nach einer Untreue die Beziehung zu beenden. Manchmal ist das absolut sinnvoll – allerdings wegen der (möglicherweise beschissenen) Beziehung und nicht nur wegen der Untreue.

KAPITEL 5

Monogamie – ja, nein, vielleicht?

Vielleicht hattest du noch nie mit dem Thema Untreue zu tun. Vielleicht seid ihr seit vielen Jahren glücklich monogam und hattet noch keine Notwendigkeit, euch darum zu kümmern. Trotzdem empfehle ich allen Paaren, regelmäßig über ihr Beziehungskonzept zu sprechen.

Ein jährlicher gemeinsamer Check kann zwar Untreue nicht verhindern, aber zumindest eure Kommunikation auf eine Ebene heben, die euch immer dienlich sein wird.

Hier sind folgende Fragen hilfreich:

- Passt es monogam (oder offen) noch für dich?
- Würdest du gern etwas an unserer Beziehung verändern? Wenn ja, was wäre das?

- Bist du glücklich mit mir?
- Ist unsere Sexualität erfüllend für dich?
- Möchtest du etwas Neues ausprobieren?
- Was hältst du von einem Besuch im Swingerclub, einem Dreier, BDSM, usw.?

Anstatt nur berufliche Ziele oder das nächste Reiseziel zu besprechen, redet über euch. „Probleme in der Beziehung entstehen, sobald Paare aufhören, miteinander übereinander zu sprechen“, sagt Ahlers (2017). Wenn du das zum ersten Mal, vielleicht nach Jahrzehnten, in eurer Beziehung tun möchtest, kostet es dich sicherlich Überwindung und einigen Mut. Nimm einen Artikel oder ein Buch als Aufhänger für ein solches Gespräch. Nutze den Streit der Nachbarn auf dem Sommerfest oder die Trennung eines Paares im Bekanntenkreis, um über euch und eure Beziehung zu sprechen. Solange das Kind noch nicht in den Brunnen gefallen ist, sind solche Gespräche rein hypothetisch. Auch das kann bedrohlich wirken, ist aber bei Weitem noch nicht so schmerzhaft wie die Gespräche nach dem Auffliegen einer Affäre.

„Liebe ist, wenn Treue Spaß macht“ – Was zur Hölle?

Der Spruch „Liebe ist, wenn Treue Spaß macht“ ist so schrecklich wie falsch! Es gibt Menschen, denen Treue mehr Spaß macht als anderen. Das hat nichts mit der Liebe zu tun. Viele meiner Kund*innen, die in eine Affäre gerutscht sind, lieben ihre Partner*innen sehr und hätten sich nie träumen lassen, jemals in so einer Situation zu sein!

Untreue hat die unterschiedlichsten Gründe, wie ich ja bereits erörtert hab. Männer, die einen höheren Testosteronspiegel haben, neigen eher zum Fremdgehen als die mit einem niedrigeren (Stoverock 2022). In der Verliebtheitsphase fällt es den meisten Menschen (nicht allen!) leicht, treu zu sein. Erst im Laufe der Beziehung mit Einsetzen des Coolidge-Effekts wächst der Wunsch nach Abwechslung und nach fremder Haut. Vor allem Partner*innen, die ihre Jugendliebe geheiratet haben, leiden irgendwann am Gefühl, sich nicht ausgelebt und etwas verpasst zu haben. Manche haben den Mut, mit ihrem oder ihrer Partner*in über die Idee einer offenen Beziehung zu sprechen. Doch nicht wenige Partner*innen weigern sich vehement, auch nur über dieses Thema zu reden, und blocken komplett ab. Und das Ende vom Lied? Richtig, die andere Person geht irgendwann heimlich fremd. Um es frei nach Esther Perel zu sagen: Wenn ihr nicht über Treue und Untreue reden könnt, habt ihr kein Treueproblem – sondern ein Kommunikationsproblem.

Monogamie ist wie eine Würgefeige, die die Liebe irgendwann erstickt, schreiben die Paartherapeuten Lisa Fischbach und Holger Lendt in ihrem Buch *Treue ist auch keine Lösung*. „Die Würgefeige setzt sich auf den Wirtsbaum und überwuchert ihn, bis er schließlich erstickt" (Lendt/Fischbach 2011, 131) – ein Vergleich, den ich sehr passend finde.

Ich halte es für absolut unerlässlich, im Kopf offen zu sein und eine offene Kommunikation über alle Themen haben zu können. Ob man das Bett (die Beziehung) öffnet oder nicht, ist nicht so wichtig. Aber dazu kommen wir später noch …

Andere Arten von Betrug in Beziehungen

Fremdgehen ist eines der am schlimmsten bewerteten Vergehen in einer Partnerschaft und wird sogar in manchen Ländern dieser Welt noch mit Gefängnis oder sogar dem Tod bestraft. Aber auch unabhängig von Gesetzen: Ist eine Person sexuell und/oder emotional untreu gewesen, ist der Aufschrei groß! Allerdings gibt es einige weitere Arten, wie Partner*innen sich gegenseitig betrügen und hintergehen können. Ich weiß, dass es nicht angenehm ist, sich hier selbst gnadenlos ehrlich zu hinterfragen. Bitte tu es trotzdem. Schau, ob du in irgendeiner Form die nachfolgenden neun Kommunikations- und Verhaltensmuster lebst:

1. Kein Interesse an Sex

- „Du willst ständig Sex, was stimmt mit dir nicht? Hast du nix anderes mehr im Kopf? Möglicherweise bist du sexsüchtig, du solltest dich behandeln lassen."
- „Ich möchte nicht über Sexualität sprechen, das ist mir peinlich."
- „Ich bin sehr konservativ aufgewachsen, daher kann ich mich sexuell nicht öffnen."
- „Du hast gestern nicht den Müll rausgebracht, also gibt es jetzt drei Wochen keinen Sex."
- „Ich hab kein Interesse an Sex, aber wehe, du vögelst jemand anderes."

Es ist völlig fein, asexuell zu sein! Niemand muss Sex mögen oder sich dazu genötigt fühlen, welchen zu haben. Betrug ist es, wenn man es anders verkauft und den oder die Partner*in ins Zwangszölibat schickt!

2. Keine persönliche Weiterentwicklung

- „Ich bin halt so. Ich kann nicht raus aus meiner Haut."
- „Damit musst du dich abfinden."
- „Ich kann halt nicht über Gefühle sprechen."
- „Eine Beratung kostet nur Geld und bringt sowieso nix."
- „Ich hab keine Lust, ein Buch zu lesen."
- „Lass mich in Ruhe mit deinem Psychokram."

Es ist völlig fein, sich nicht weiterentwickeln zu wollen. Niemand muss sich mit dem eigenen Gehirn, mit Gedanken und Gefühlen beschäftigen. Betrug ist es, wenn man hohe Erwartungen an die Beziehung hat, aber nur der oder die andere etwas dafür tun soll.

3. Krankhafte Eifersucht/Opferhaltung

- „Du hast mich 1987 betrogen und weil mich das so verletzt hat, darf ich dir das jeden Tag aufs Brot schmieren und mich als Opfer deines Verhaltens fühlen."
- „Du bist schuld an meinem Schmerz und jetzt hätte ich gern deine permanente Wiedergutmachung, indem du dich ausschließlich um meine Bedürfnisse kümmerst und nie wieder was ohne mich unternimmst."
- „Ich fühle mich unattraktiv, wertlos und nicht liebenswert und möchte von dir, dass du mir diese Gefühle gibst, anstatt andere Menschen attraktiv zu finden."
- „Du hast geflirtet, sowas macht man nicht. Du bist ein schlechter Mensch und solltest dich therapieren lassen!"

Es ist völlig fein, eifersüchtig zu sein und Verlustangst zu haben. Betrug ist es nur dann, wenn man sich nicht darum bemüht, die Themen, die dahinterstecken (Trauma, Kindheit, usw.) anzuschauen und die Verantwortung für die eigenen Gefühle nur der anderen Person zuschiebt.

4. Ständig recht haben zu wollen, Sturheit

- „Meine Meinung ist die einzig richtige und wenn du irgendwas dagegen sagst, zeig ich dir, wer hier die Hosen anhat!"
- „Mich interessiert es nicht, wie du die Dinge siehst und ob du eine eigene Meinung hast. Belästige mich nicht damit!"
- „Meine Werte sind die einzig wahren und ich akzeptiere niemals, wenn du nicht genauso denkst wie ich!"

Recht haben wollen und Sturheit sind immer kacke! Du kannst nur recht haben oder glücklich sein. Beides geht nicht.

5. Die Entwicklung des oder der anderen unterdrücken/verhindern

- „Was willst du? Ein Seminar besuchen? Dafür haben wir kein Geld."
- „Du hast es noch nie geschafft, abzunehmen. Hier ist ein Stück Kuchen!"
- „Ich hab dich so nicht geheiratet und hätte gern den Mann von früher zurück."
- „Deine Freundinnen, dein Guru, die Coaches reden dir nur Müll ein."

Es ist völlig fein, Angst zu haben, nicht mehr gut genug zu sein und den oder die andere zu verlieren, wenn er oder sie sich entwickelt, abnimmt oder auf Seminare geht. Betrug ist es, wenn du hinterlistig und subtil seine oder ihre Ziele untergräbst.

6. Beleidigt sein/mauern

- „Dann sag ich halt gar nix mehr. Lass mich in Ruhe!" – Schweigen, bocken, abblocken

Kein Wort mehr rauzukriegen kann ein Hinweis auf eine Traumareaktion (Kampf/Flucht/Starre) sein. Wenn du dich nicht um deine Verhaltensmuster kümmerst und stattdessen passiv aggressiv reagierst, ist es Betrug.

7. Die eigene Unzufriedenheit/Frustration am Partner auslassen

- „Mein Chef ist so ein Arschloch und die Arbeit ist so scheiße!"
- „Boah, heute Morgen hat mir so ein Vollidiot den Parkplatz weggeschnappt."
- „Die Politiker kannst du alle vergessen, alle sind korrupt, es wird immer schlimmer."

- „Ich muss mich einfach darüber aufregen!“
- „Was? Ich bin unzufrieden? Natürlich, hier ist ja auch alles blöd!“

Es ist völlig in Ordnung, mal schlechte Laune zu haben und Frust rauszulassen. Doch wenn es ein Dauerzustand ist und du dich nicht darum kümmerst, auch Lebensfreude und positive Energie auszustrahlen, ist es Betrug.

8. Fehlendes Commitment, kein Engagement für die Beziehung

- „Ich hab keine Zeit für Date-Nights.“
- „Meine Arbeit, die Kinder, der Haushalt, das Projekt – siehst du nicht, was ich alles um die Ohren hab?“
- „Du hast viel zu hohe Erwartungen.“
- „Ich will einfach nur meine Ruhe haben!“
- „Du wirst mich nie verlassen.“
- „Jemanden wie mich findest du nie wieder.“
- „Was willst du denn ohne mich?“

Sich phasenweise mehr auf die Kinder, den Job, ein Projekt oder was auch immer zu fokussieren, ist völlig okay, ganz normal und menschlich. Doch alles andere ständig vorzuschieben und den oder die Partner*in als Selbstverständlichkeit zu sehen, ist eine Ausrede und damit Betrug.

9. Sich gehen lassen

- „Nach der Arbeit möchte ich entspannen. Am liebsten mit Chips und Bier oder Wein vor dem Fernseher.“
- „Ach komm, das Feierabend-Bier zählt doch nicht als Alkohol.“
- „Jeder legt im Alter zu, man kann halt nicht mehr so aussehen wie mit 20!“
- „Sport ist Mord.“

- „Jogginghosen sind viel bequemer als Jeans. Warum soll ich mich rausputzen, bin ja im Homeoffice."

Es ist völlig in Ordnung, wenn du kein Sport-Ass bist und gern vor Netflix abhängst. Doch wenn du deinen Körper, deine Gesundheit und dein Aussehen vernachlässigst oder ständig betrunken bist, ist es Betrug.

Okay, vielleicht habe ich hier etwas dick aufgetragen. Aber all diese Sätze und Verhaltensweisen habe ich in der einen oder anderen Ausprägung in meinen Beratungen schon erlebt. Tatsächlich ist Fremdgehen nicht der schlimmste Betrug und manchmal sogar das geringste Problem eines Paares. Interessanterweise werden alle anderen Verhaltensmuster oft über Jahre hinweg einfach hingenommen und erst beim Fremdvögeln ist Schluss mit lustig.

Wir sind alle nur Menschen und niemand muss perfekt sein. Doch über Jahre hinweg die Augen vor den eigenen schlechten Verhaltensmustern zu verschließen, kann euch die Beziehung kosten. Mehr dazu erfährst du im Abschnitt „Die vier apokalyptischen Reiter und Traumareaktionen".

Anstatt klassisches Fremdgehen zu dramatisieren und alles andere herunterzuspielen, schau lieber genauer hin und mach dir die Muster deiner Beziehung bewusst. Und fass dir bitte an die eigene Nase! Überlege dir, ob du in deiner Beziehung wirklich so makellos bist, wie du denkst. Nicht um dir die Peitsche auf den Rücken zu hauen, sondern um zu erkennen, welche Verhaltensmuster du ändern möchtest, um lange erfüllt und zufrieden in deiner Partnerschaft zu sein.

Wie sich dein*e Partner*in verhält, ist nicht dein Zirkus und du kannst nicht verhindern, dass er oder sie dich in eurer Beziehung irgendwann mal betrügt oder um etwas bringt. Doch du kannst immer entscheiden, wie du darüber denken und damit umgehen möchtest, unter welchen Bedingungen du eine Liebesbeziehung führen willst und was deine Dealbreaker sind. Mehr zu diesem Thema erfährst du im Abschnitt „Dann ist es aus! – Dealbreaker".

Pseudo-Vertrauen und echtes Vertrauen

Ein Thema, für das ich im Internet stark angefeindet werde, ist Vertrauen – vor allem, wenn ich von Pseudo-Vertrauen in Beziehungen spreche.

Pseudo-Vertrauen bedeutet, dass du deinem oder deiner Partner*in „vertraust", dass er oder sie nie etwas Blödes tut, dich niemals anlügen und auf keinen Fall verletzen würde. Du gehst davon aus, dass du immer genau weißt, was dein*e Liebste*r denkt, fühlt und tut und dass du auch ein Recht darauf hast, das zu wissen. Perel nennt das Pseudo-Vertrauen „first trust", also erstes Vertrauen, welches so lange funktioniert, bis eine*r etwas Blödes tut.[11]

- „Ich dachte nie, dass uns sowas jemals passieren könnte!"
- „Nie hätte ich von mir selbst geglaubt, dass ich zu sowas fähig sein könnte!"
- „Das hätte ich ihm/ihr niemals zugetraut!"

Solche Aussagen höre ich fast täglich in meiner Arbeit. Fremdgehen tun immer nur die anderen und jedes Paar, das noch keine Krise durchgemacht hat, denkt, es wäre immun gegen Angebote von außen.

Doch du weißt bereits, dass das menschliche Gehirn nicht für monogame Langzeitbeziehungen gebaut wurde und lebenslange Disziplin eher die Ausnahme als die Regel ist. Die Wahrscheinlichkeit, im Laufe einer langen Beziehung in irgendeiner Form mit Untreue zu tun zu haben, ist höher, als die Wahrscheinlichkeit, ewige Treue zu erleben.

Wenn über Untreue geschrieben und berichtet wird, heißt es immer, dass das Vertrauen unwiderruflich zerstört wurde. Und ja, das stimmt. Das Pseudo-Vertrauen ist für immer dahin. Das Gehirn kann sich nicht mehr selbst veräppeln, sobald eine Affäre aufgeflogen ist. Denn es weiß ja, dass der oder die andere etwas Blödes gemacht hat!

Dann wird es Zeit für das echte Vertrauen. Perel nennt es „second trust". Was bedeutet das? Aus meiner Erfahrung können Paare eine Affäre sehr gut überleben und sogar ein besseres Vertrauen aufbauen als davor. Dafür müssen sie die Hollywood- und Disney-Seuche loslassen und eine Menge alter, nicht hilfreicher Glaubenssätze über Bord werfen. Ein Glaubenssatz ist ein Gedanke, den man für wahr hält, der aber nicht unbedingt wahr sein muss und je nach Gedanke auch überhaupt nicht hilfreich ist. Beispiele sind: „Einmal Betrüger, immer Betrüger" und „Wenn er mich lieben würde, hätte er das nicht gemacht".

Echtes Vertrauen speist sich aus drei verschiedenen Vertrauensarten:

1. Vertrauen in das Gegenüber
    - Er oder sie ist ein Mensch mit Stärken und Schwächen.
    - Die Person ist nicht für mich auf der Welt.
    - Ich vertraue darauf, dass er oder sie die Entscheidungen trifft, die er oder sie für sich als die besten erachtet.
    - Ich weiß, dass er oder sie aus der besten Option handelt,[12] mich nicht mit Absicht verletzen will, aber dennoch Dinge tun wird, die ich als schmerzhaft bewerte. Ich weiß: Er oder sie handelt für sich – nicht gegen mich.
    - Wir werden uns gegenseitig verletzen und immer Wege finden, darüber hinauszuwachsen und zu lernen.
    - Wenn er oder sie glaubt, ohne mich glücklicher zu sein, werde ich das respektieren, auch wenn es mir das Herz zerreißt.
2. Vertrauen in sich selbst
    - Ich bin ein Mensch mit Stärken und Schwächen.
    - Ich brauche keine*n perfekte*n Partner*in, ich kann damit umgehen, dass er oder sie auch „nur" ein Mensch ist.
    - Was immer passiert, was immer mein*e Partner*in tut oder nicht tut, ich werde einen Weg finden, damit umzugehen.
    - Ich kann *alle* Gefühle fühlen und falle nicht tot um, wenn ich verletzt werde.
    - Ich kann liebevoll Grenzen setzen und stets entscheiden, wie ich das Verhalten anderer Menschen bewerte und wie ich darauf reagiere.
    - Ich bin wertvoll, egal, wie andere sich mir gegenüber verhalten.

3. Vertrauen ins Leben
   - Ich weiß, dass Leben fifty-fifty ist und ich sowohl erfüllende und glückliche Momente in meiner Beziehung erleben werde wie auch schmerzvolle und unangenehme.
   - Was immer in meinem Leben passiert, es ist Teil des Deals, hier auf dem Planeten zu sein, und es heißt nicht, dass irgendetwas falsch läuft.
   - Ich kann die traurigen und schmerzhaften Momente in meinem Leben annehmen und sie dafür nutzen, zu wachsen und Stärke zu entwickeln.
   - Leben darf leicht gehen und Spaß machen. Liebe auch! Das bedeutet aber nicht, dass immer alles easy und happy ist, sondern dass ich mit der Schwere umgehen kann.

„Vertrauen ist die zuversichtliche Beziehung mit dem Unbekannten", so sagt es Rachel Botsman sehr treffend. Weiter heißt es bei ihr: „Ich stelle mir Vertrauen als eine bemerkenswerte Kraft vor, die es uns ermöglicht, Unsicherheit zu überwinden, verletzlich zu sein, etwas Neues auszuprobieren oder etwas anders zu machen. Es ist buchstäblich die Brücke oder der soziale Klebstoff zwischen dem Bekannten und dem Unbekannten" (Botsman 2018, Übersetzung durch mich, M.M.).

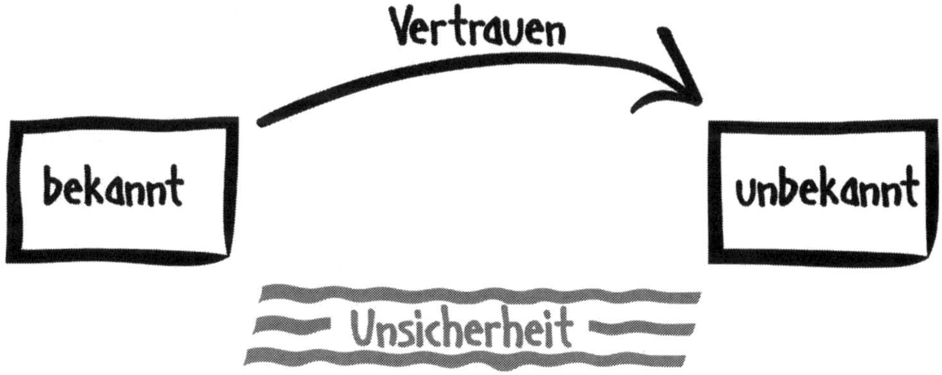

Offene Beziehung und Polyamorie für alle?

Eine Frage, die mir sehr oft gestellt wird, lautet: Kann man zwei Menschen lieben? Ich frage dann oft zurück: Wie viele Kinder hast du? Wie viele Elternteile? Wie viele Freunde? Würdest du sagen, dass du all deine Kinder liebst? Und beide Eltern? Vielleicht eine Stiefmama oder einen Stiefpapa? Großeltern? Liebst du deine Freud*innen? Alle?

Natürlich kann man zwei Menschen lieben. Jeder Mensch kann das. Und ja, man kann auch zwei und mehr Menschen romantisch lieben und sexuell begehren. Man kann in eine Person verliebt sein, während man eine andere liebt. Oft taucht dazu der Begriff der Polyamorie auf, ein Kunstwort aus zwei Begriffen: poly – viel, mehrere und amor – Liebe. Polyamorie bezeichnet eine Form von Beziehung, in der Partner*innen mehrere Liebesbeziehungen pflegen und alle Beteiligten davon wissen.

Unser Gehirn kann das alles. Die Frage ist eher, ob du das ausleben kannst – und möchtest, mit allem, was dazugehört. Die allermeisten sind in einer monogam geprägten Welt groß geworden und haben viele einschränkende Glaubenssätze gelernt, wenn es um Beziehungen geht. In einer Gesellschaft, in der Eifersucht als Gradmesser für romantische Liebe definiert wird, ist es gar nicht so leicht, die klassischen Überzeugungen und moralischen Erwartungen zu durchbrechen.

Falls du eine weitere Person liebst, stelle dir ernsthaft die Frage, mit wie vielen Menschen du eine Liebesbeziehung führen kannst. Mehrere Menschen zu lieben ist erstmal nicht so schwer. Doch mit mehreren Menschen eine Beziehung zu führen, braucht eine Menge Fähigkeiten in den Bereichen Logistik, Zeitmanagement, Kommunikation und vor allem Gedanken- und Gefühlsmanagement. Aus meiner Erfahrung bekommen das nur ganz wenige Paare hin. Persönlichkeitsentwicklung ist hier der Schlüssel zum Glück beziehungsweise zu einer spannenden, alternativen Beziehungskonstruktion.

Wer sich noch nie mit sich, den eigenen Dämonen, Verhaltensmustern, dem eigenen Bindungsmuster usw. auseinandergesetzt hat, dem wird ein alternatives Konzept auf kurz oder lang um die Ohren fliegen.

Viele meiner Kund*innen, die sich zum ersten Mal fremdverliebt haben, wollen unbedingt beide Partner*innen behalten, weil die neue Beziehung viele gute Gefühle produziert (Hormon-Party!), die alte Beziehung Stabilität und Sicherheit bedeutet und die Angst vor einer Trennung und dem Liebeskummer groß ist.

Die Idee einer offenen Beziehung, in der eher lockere, meist sexuelle Verbindungen zu anderen Menschen erlaubt sind, oder gar einer Polyamorie, in der die Partner*innen verbindliche weitere Liebesbeziehungen führen, scheint dann die rettende Lösung zu sein. Das ist aber nur eine Scheinlösung, um negative Gefühle zu vermeiden und die Dopamin-Sucht aufrechterhalten zu können. Eine Scheinlösung ist es deshalb, weil es so nicht laufen wird. Eine offene oder polyamore Beziehung bedeutet nicht nur Spaß und Freiheit. Es bedeutet, sich mit allen möglichen Gefühlen auseinandersetzen zu müssen und richtig gut mit den eigenen Emotionen umgehen und kommunizieren zu können. Auch in alternativen Beziehungen wird es menscheln – und Menschen sind nun mal emotionale Wesen, deren Gehirne regelmäßig Dramen produzieren. Je mehr Menschen in eine Beziehung involviert sind, desto mehr Erwartungen, frühere Verletzungen, Hoffnungen und Enttäuschungen sind mit am Start. Alternative Beziehungskonzepte sind kein Spaziergang voller grenzenloser Lust, Freiheit und Liebe. Nur diejenigen, die einen hohen Differenzierungsgrad, also eine starke emotionale Unabhängigkeit erreicht haben, werden eine solche Herausforderung meistern (Schnarch 2011).

Das heißt nicht, dass du es nicht ausprobieren kannst. Wenn ihr bereit seid, eure Beziehung zu öffnen, werdet ihr euch all euren Themen stellen müssen, die ihr bisher noch nicht angegangen seid. Die Persönlichkeitsentwicklung, die damit einhergeht, ist enorm. Es gibt eine Menge Bücher, Podcasts, Blogs und Instagram-Accounts, die euch hier hilfreiche Tipps und Impulse geben können, damit ihr nicht völlig blind ins Verderben steuert. Im Idealfall lasst ihr euch zusätzlich von einem Profi begleiten. Paarberatungen, die auf alternative Konzepte spezialisiert sind, können euch helfen, ambitionierte Beziehungsformen erfolgreich zu leben.

KAPITEL 6

Die wichtigste Beziehung ist die zu dir selbst!

Eine der wichtigsten Grundvoraussetzungen für eine erfüllte Langzeitbeziehung – monogam oder offen – ist eine gute Beziehung zu sich selbst.

Was heißt das genau? Wie wir später noch sehen werden, ist jede Beziehung die innere Abbildung einer äußeren Welt in unserem Gehirn und Nervensystem. Das umfasst auch die Beziehung zu dir selbst. Das, was du im Spiegel siehst, was du fühlst, wenn du dich selbst berührst, wie du über dich denkst, wie du mit dir selbst sprichst und mit dir umgehst – all das ist Ausdruck deiner Beziehung zu dir selbst. Auch diese Beziehung hast du als kleines Kind gelernt.

- Wie deine Eltern mit sich selbst umgegangen sind, hat geprägt, wie du mit dir umgehst.
- Wie deine Eltern mit dir umgegangen sind, hat geprägt, wie du mit dir umgehst.

Wir alle verinnerlichen als Kinder die Glaubenssysteme und Weltbilder unserer erwachsenen Bezugspersonen und glauben später ähnliche Gedanken wie sie. Wir reagieren im Heute, Hier und Jetzt per Autopilot auf Situationen von damals. Wenn deine Eltern schlimme Erfahrungen mit Fremdgehen gemacht haben, wirst du dich davor besonders fürchten. Wenn deine Eltern eine heftige und schmerzhafte Trennung mit anschließendem Rosenkrieg hinter sich haben, wirst du dich vielleicht mehr an eine harmonische, heile Familie klammern als ein Mensch, der solche Erfahrungen nicht machen musste.

Diese automatischen Reaktionsmuster auf deine heutigen Herausforderungen des Lebens müssen nicht mehr unbedingt sinnvoll und dir dienlich sein. Sie können dich klein halten, deine Entscheidungsfreudigkeit unterbinden oder dich in Angst und Schrecken versetzen, sobald nur jemand schief schaut.

Das Gehirn will nicht, dass du glücklich bist – es will nur, dass du überlebst. Erinnere dich noch einmal an das Kapitel „Du lebst sehr wahrscheinlich die gleiche Beziehung wie deine Eltern!" und das Bild der Gleise, auf denen der Gedankenzug automatisch fährt. Dies gilt auch für dein Verhalten. Die Überlebensstrategien von damals sind die Gleise, die dein Gehirn automatisch nutzen wird. Und dies wird es tun, bis du diese Strategien durchschaust und durchbrichst.

Das heißt übrigens nicht, dass du dich jetzt jahrelang zum Meditieren auf einen Felsen in Indien setzen oder in einen Ashram ziehen und dich selbst finden musst. Die Beziehung zu dir selbst wirst du immer auch in Beziehungen zu anderen Menschen weiterentwickeln und vertiefen. Es ist Nonsens, sich zuerst selbst vollkommen zu lieben und erst dann eine Beziehung einzugehen. Um uns selbst zu spiegeln, brauchen wir die Interaktion mit anderen Menschen. Die beste Persönlichkeitsentwicklung sind folglich Beziehungen.

Doch wenn du feststellst, dass du immer und immer wieder nur Arschlöcher anziehst, die dich schlecht behandeln, könnte es hilfreich sein, mal eine Weile alleine zu sein und diese Zeit zu nutzen, um deinen Selbstwert zu erhöhen und ein persönliches Arschloch-Warnsystem zu entwickeln, bevor du dich in eine neue Beziehung stürzt.

Geringes Selbstwertgefühl – nicht gut genug sein

Viele meiner Kund*innen haben das dauerhafte Gefühl, nicht genug zu sein. Auch ich kann ein Lied davon singen.

Besonders diejenigen, die betrogen wurden, zweifeln in der Folge massiv an sich selbst:

- „Wenn ich genügen würde, hätte er das nicht gemacht!“
- „Irgendetwas fehlt ihr, irgendetwas kann ich ihr nicht geben.“
- „Wenn mit mir alles okay wäre, würde mich niemand verletzen.“
- „Ich bin es wohl nicht wert, geliebt zu werden.“

All das ist Bullshit! Der Wert eines Menschen hängt niemals davon ab, wie andere Menschen sich verhalten.

Der Wert eines jeden Menschen ist vollkommen. Punkt! Niemand ist mehr oder weniger wert als jemand anderes. Egal, wie viele Liebhaber*innen man hatte, wie viel Geld man verdient, welches Auto man fährt, wie viele ehrenamtliche Projekte man leitet oder wie viel man gespendet hat – der Wert eines jeden Menschen bleibt davon unberührt.

Stell dir einen 100-Euro-Schein vor, den du nigelnagelneu aus dem Bankautomaten geholt hast. Du bist in Eile und steckst den Schein achtlos in deine Hosentasche, verknüllst ihn und bei nächster Gelegenheit fällt er dir unbemerkt heraus und landet im Dreck. Eine andere Person sieht ihn nicht und tritt darauf. Es regnet und dann kommt ein Hund des Weges, der sein Revier markiert und auf den Schein pieselt. Nun entdeckt jemand den Schein, freut sich wie ein Schnitzel, hebt ihn auf, klopft den Dreck ab und zieht ihn ein bisschen in Form. Die Person geht in den nächsten Laden und kauft mit dem Geld ein.

Wie viel bekommt er oder sie dafür? Richtig! Waren im Wert von 100 Euro! Egal, wie der Schein behandelt wurde, der Wert bleibt unverändert.

So ist es mit deinem Wert als Mensch, als Frau, als Mann, als non-binäre Person, ob du hetero-, homo-, bi- oder asexuell bist, ob du verlassen, betrogen oder nicht beachtet wurdest: Dein Wert hat nichts damit zu tun, wie andere Menschen mit dir umgehen oder umgegangen sind.

- Was genau heißt überhaupt „genug“?
- Woran misst du „genug“?
- Woran würdest du merken, dass du „genug“ bist?
- Wer entscheidet, was „genug“ ist?

Dieses „nicht genug“ ist Nebel in Tüten. Es ist eine nicht messbare, diffuse Größe und macht so viele Menschen verrückt und unglücklich.

Manson schreibt, Selbstwert sei kontextgebunden (Manson 2019, 74). Wenn du ein Leben lang gehänselt und unterdrückt wurdest, glaubst du, dass du wertlos bist. Wurdest du ständig im Übermaß gelobt und auf einen Sockel gehoben, glaubst du möglicherweise, dass du etwas Besonderes und anderen überlegen bist.

Wenn jemand andere kleinmachen muss, um sich besser zu fühlen, ist das kacke. Wenn sich jemand ständig kleinmacht, um anderen nicht auf den Schlips zu treten, ist das kacke. Wenn jemand glaubt, die ganze Welt drehe sich nur um ihn oder sie, ist das kacke. Es gibt kein besser und kein schlechter. Jeder Mensch ist. Punkt.

Übrigens, das alles schreibe ich nicht, weil ich so toll und erleuchtet bin. Manchmal denke ich, das Gefühl, nicht genug zu sein, erfunden zu haben. Ich fühlte mich jahrelang nicht schön genug, nicht schlank genug, nicht groß genug, nicht wertvoll genug, nicht witzig genug, usw.

Wann immer ich etwas Neues mache, zum Beispiel beim Schreiben dieses Buchs, bietet mir mein Gehirn die Nicht-genug-Gedanken an:

- Du bist keine Journalistin oder Texterin. Warum solltest du ein Buch schreiben?
- Du bist Coach, aber keine Profi-Schriftstellerin.
- Du bist nicht gut genug, ein Buch zu schreiben.
- Und so weiter. Bla, bla, bla …

Das hat mein Gehirn gemacht, als ich Mutter wurde, als ich mich selbständig gemacht habe, als ich meinen Podcast gestartet habe – und jedes Mal aufs Neue, wenn ich meine Preise erhöhe sowie am Anfang jeder neuen Liebesbeziehung.

Früher dachte ich, es liegt an mir und meiner Unzulänglichkeit, wenn mich ein Mann verlässt oder nicht an mir interessiert ist. Ich dachte, es liegt daran, dass ich zu klein, zu unbedeutend und zu mittelmäßig bin. Wäre ich schlank, groß und langhaarig wie Barbie oder Claudia Schiffer, würden mir alle Männer zu Füßen liegen.

Bis ich irgendwann verstanden hab, dass das alles überhaupt gar nichts mit mir zu tun hat! Wenn mich jemand nicht will, ist das wie mit Menschen, die kein Sushi mögen. Das ist nicht die Schuld des Sushis! Jedes Gehirn produziert negative Gedanken. Das ist der Job des Gehirns, um dein Überleben zu sichern. Es will dich schützen und unterstützen, seine Aufgabe ist es jedoch nicht, dich glücklich zu machen. Deshalb darfst du ihm nicht alles glauben, was es dir anbietet. Lenke deine Gedanken bewusst in eine andere Richtung (mehr dazu im Abschnitt „Samen säen, der wirklich aufgeht und blüht! – Die drei Gedanken-Ebenen").

Übe das. Wiederhole das, auch schriftlich in deinem Notizbuch, zum Beispiel in deiner Kaffeepause, morgens nach dem Aufwachen, kurz vorm Abendessen ... 100 und 1.000 Mal – bis es zu deiner wahren Natur wird, also zur unbewussten Kompetenz:

Sushi ist genug. Ich bin genug. Punkt!

Die sechs Säulen des Selbstwertgefühls

Neben der Tatsache, dass du leckeres Sushi bist, was nicht jede*r mögen muss, kannst du dein Selbstwertgefühl auch an anderen konkreten Stellen aktiv trainieren und stärken. Hilfreich finde ich dabei das Buch *Die 6 Säulen des Selbstwertgefühls* von Nathaniel Branden (2019).

Das Selbstwertgefühl hüpft dich nicht aus der Hecke an oder ist von Geburt an hoch oder niedrig ausgeprägt. Es ist erst einmal nur ein Konstrukt, welches durch deine Gedanken über dich selbst entsteht. Je schlechter du über dich selbst denkst, je wertloser du dich fühlst, desto niedriger ist dein Selbstwertgefühl.

Du kannst jede der 6 Säulen separat beleuchten und stabilisieren. Damit kommst du dir selbst auf die Schliche, wo es hängt. Du räumst deine Gedanken über dich und dein Leben auf und trainierst über die Zeit, dein Selbstwertgefühl bewusst zu stärken.

- 1. Säule: Ein bewusstes Leben

  Du bekommst mit, was läuft. Du bist wach und achtsam. Du kennst dich, deine Stärken und deine Schwächen. Du kennst deine Werte und Ziele und richtest deine Entscheidungen danach aus.

- 2. Säule: Selbstakzeptanz

  Du bist genau richtig, wie du bist. Du hast gute und schlechte Seiten (wie jeder Mensch) und du akzeptierst, dass du nicht perfekt bist und Fehler machst.

- 3. Säule: Selbstverantwortung

  Du weißt, dass du für dein Leben und dein Glück selbst verantwortlich bist. Niemand außer dir selbst kann dich glücklich machen!

- 4. Säule: Selbstvertrauen/Selbstwirksamkeit

  Du weißt, wer du bist, und du weißt, wer du sein möchtest. Du kennst dich und weißt, was du kannst, was du willst und was nicht. Du setzt Grenzen und stehst hinter dir, egal, was ist.

- 5. Säule: Ein zielgerichteter Lebensstil

  Du weißt, wo du hinwillst, und strebst danach, deine Ziele zu erreichen. Du lässt dir nicht von deiner Angst einreden, dass du es gar nicht erst versuchen solltest.

- 6. Säule: Persönliche Integrität

  Du hältst dein Wort, bist zuverlässig und kannst dir selbst vertrauen, weil du deine eigenen Absprachen mit dir selbst einhältst. Wenn du Fehler machst, bist du verständnisvoll und gütig mit dir selbst.

  Wie du hilfreiche und wertvolle Gedanken über dich selbst trainierst, erfährst du später noch genauer im Abschnitt „Samen säen, der wirklich aufgeht und blüht!“.

Ich steh hinter mir – echtes Selbstvertrauen

Im Abschnitt „Pseudo-Vertrauen und echtes Vertrauen“ habe ich es bereits angeschnitten: Um echtes Vertrauen in einer Beziehung zu entwickeln, brauchst du Vertrauen in die wichtigste Person in deinem Leben – in dich selbst!

Selbstvertrauen ist eine häufig falsch eingeschätzte Fähigkeit. Viele glauben, dass sie sich erst dann selbst vertrauen können, wenn sie genug Erfahrung haben, sich auf sich selbst zu 100 Prozent verlassen können und die Dinge gebacken bekommen.

Doch das hat nichts mit Selbstvertrauen zu tun. Das ist Selbstbewusstsein und Selbstwirksamkeit. Zu wissen, was du kannst und was du nicht kannst, ist wichtig und wertvoll. Selbstvertrauen geht noch weit darüber hinaus. Selbstvertrauen heißt nicht, dass du alles kannst, alles weißt, alles mit links meisterst, keine Fehler machst und dein Leben im Griff hast. Selbstvertrauen heißt, dass du dich nicht wie ein Arschloch behandelst, wenn du etwas falsch machst. Es heißt, dass du hinter dir stehst, egal, was du tust. Es bedeutet, dass du dir vertraust, alles herausfinden zu können, wenn es an der Zeit ist.

Selbstvertrauen bedeutet am allermeisten, dass du bereit bist, alle Gefühle zu fühlen! Du bist bereit, das Leben in seiner vollen Wucht anzunehmen, manchmal daran zu verzweifeln und immer weiterzumachen.

Selbstvertrauen heißt, dass du dich niemals im Stich lässt – egal, was um dich herum passiert. Du weißt, dass du dich mit vollem Herzen ins Leben stürzen kannst und dich selbst immer wieder auffängst, wenn du ins Bodenlose fällst.

Je größer dein Selbstvertrauen ist, desto leichter triffst du Entscheidungen, desto besser kannst du Grenzen setzen und dir nicht gefallen lassen, wenn andere dich mies behandeln. Du vertraust auf dich, auf dein Bauchgefühl, auf deine Entscheidungen und Ziele! Dabei geht es nicht um Selbstoptimierung und Geißelung oder darum, dass alle deine Entscheidungen super sind und deine erwünschten Resultate erzeugen. Du traust dich, etwas auszuprobieren, auch wenn du nicht genau weißt, dass es gut wird. Anders gesagt: Du erlaubst dir zu versagen!

Selbstvertrauen heißt, großzügig und gütig mit dir zu sein, dich aber nicht hinter Selbstmitleid zu verstecken und das Leben zu vermeiden, nur weil du zu große Angst vor negativen Emotionen hast. Wo gehobelt wird, da fallen Späne. Selbstvertrauen heißt, du hobelst und produzierst Späne. Positive und negative. Und du stehst hinter dir, egal was passiert!

„Ich lieb dich nicht, wenn du mich liebst!" – die paradoxe Leidenschaft

Hast du schon einmal ältere Pärchen beobachtet, die sich gegenseitig mit Mama und Papa anreden – obwohl offensichtlich ist, dass kaum eine*r ein Elternteil des oder der anderen sein kann? Vermutlich legt die Frau dem Mann morgens die Klamotten raus und der Mann hat vor der Rente klassischerweise das Geld nach Hause gebracht.

Sex ist sicherlich schon eine Ewigkeit kein Thema mehr für solche Paare, denn hier hat sich die Beziehungsebene verschoben: von einem Liebespaar zu nur noch Eltern. Wer will schon die Mama oder den Papa vögeln. Uuuuuuh! Allein der Gedanke tut weh!

Bei Menschen meines Alters und jünger erlebe ich sowas zum Glück nicht mehr. Es scheint sich herumgesprochen zu haben, dass es nicht unbedingt zu einer gesunden Beziehungsdynamik beiträgt, sich mit Mama und Papa anzureden. Dennoch sind Nähe und Distanz und eine nicht gelebte Augenhöhe auch heute noch in vielen Beziehungen Thema. Eine Seite wünscht sich mehr Sex, mehr Aufmerksamkeit, mehr Nähe, mehr Paarzeit oder mehr Intimität, während sich die andere nach mehr Freiraum, einer offenen Beziehung, mehr Zeit für sich selbst und Distanz sehnt. In ihrem Buch *Ich lieb dich nicht, wenn du mich liebst* nennen Dean C. Delis und Cassandra Phillips dieses Phänomen „paradoxe Leidenschaft" (Delis/Phillips 2016).

Es ist völlig normal, dass auch in einer gesunden Partnerschaft immer mal wieder Situationen auftreten, in denen sich Anzeichen einer paradoxen Leidenschaft zeigen. Im Großen und Ganzen hält es sich aber meist die Waage. So ist beispielsweise die anhänglichere Person zufrieden und satt, wenn das Paar ein schönes Liebeswochenende ohne Kinder miteinander verbracht hat und die Akkus wieder aufgeladen sind. Die Person, die mehr Sex möchte, fühlt sich nach einer prickelnden Nacht wieder ausgeglichen. Mir geht es so, dass mein Bedürfnis nach Distanz für eine ganze Weile gestillt ist und ich mich wieder auf die Nähe freue, wenn ich eine Woche alleine in einer Ferienwohnung war oder mein Mann auf Reisen ist.

Die Beziehung ist einigermaßen ausgeglichen, wie auf einer Wippe. Mal gibt es mehr Nähe, mal mehr Intimität, mehr Sex, mal weniger. Es ist okay. Beide vertrauen darauf, dass es sich schon irgendwie ausgleicht und dass ihnen ihre Beziehung wichtig ist, auch wenn mal etwas anderes im Vordergrund steht. In der Beratung erlebe ich häufig Frauen, die keine Lust mehr haben, ihren hingebungsvollen und liebevollen Ehemann zu vögeln. Beim genaueren Hinschauen ist der Partner eher bedürftig und unsicher, was nicht gerade erotisch und sexy wirkt.

Sobald eine Person die andere zum Lebensinhalt macht und wahnsinnige Angst hat, dessen Aufmerksamkeit und Liebe zu verlieren, entstehen ein ungesundes Machtverhältnis und eine Unterwürfigkeitshaltung in der Beziehung.

Das unterwürfige Verhalten hat nichts mit Liebe zu tun. Hierbei geht es immer um ein Gefühl von Angst – wie Verlustangst, die Angst nicht gut genug zu sein, die Angst nicht zu genügen oder die Angst vor dem Fremdgehen. Das betrifft Männer wie Frauen und auch gleichgeschlechtliche Beziehungen. Sucht nun der oder die Unterlegene die Nähe des oder der Partner*in, bekommt die (scheinbar) überlegene Person ein schlechtes Gewissen, weil der oder die andere sich doch so sehr aufopfert und alles macht und tut. „Was stimmt mit mir nicht?", ist dann ein Zweifel, der an der überlegenen Person nagt – und aus dem Schuldgefühl entsteht noch mehr Ablehnung und Widerstand. Es ist ein Teufelskreis, der sich verstärkt, wenn man ihn nicht bewusst wahrnimmt und durchbricht.

Nähe-/Distanz-Problematik: Gründe, Anzeichen und Lösungsansätze

Die paradoxe Leidenschaft entsteht in unterschiedlichen Lebenslagen und aus verschiedenen Gründen. Ich habe dir hier mal ein paar aufgeführt, die dir als Beispiel dienen:

- Eltern werden (erfolgreiche Frau wird Mutter und ist plötzlich ans Haus gebunden)
- Kinder werden Teenager und rebellieren
- Sortierung einer Patchwork-Familie
- Jobverlust, neuer Job, Karrieresprung, Gehaltssprung
- Firmenpleite oder Lottogewinn
- der Weg in die berufliche Selbständigkeit
- persönliche Weiterentwicklung
- Fremdliebe/Affäre
- Tod einer nahestehenden Person/Elternteil/Fehlgeburt
- ungewolltes Kind (Abtreibung)
- Krankheiten, Unfälle
- Wechseljahre bei Frauen

Das Geschlecht spielt ebenfalls eine Rolle. Noch heute leben wir in patriarchalen Machtstrukturen, in denen die Männer den Ton angeben. Zu glauben, wir würden in einer völligen Gleichberechtigung leben, ist absurd. Frauen kümmern sich immer noch mehr um die unbezahlte Care-Arbeit, Männer verdienen mehr Geld für die gleichen Jobs. Eine sexuell aktive Frau wird immer noch als Schlampe bezeichnet. Zwar gibt es auch abwertende Begriffe für Männer – Abchecker, Player oder Fuckboy sind nun wirklich nicht positiv besetzt –, die damit als oberflächliche, sexhungrige Typen bezeichnet werden, die Frauen heimtückisch ausnutzen. Genuss oder Lebensfreude schwingt nirgendwo mit, doch während der aktive „Abchecker“ allenfalls unehrlich und dreist ist, ist die „Schlampe“ passiv und einfach nur leicht zu kriegen. Diese Fragen helfen dir, eure Rollenverteilung zu beleuchten:

- Wer ist zuständig für das warme Essen? Wer kocht bei euch?
- Wer verdient mehr Geld?
- Wer nimmt die Erziehungszeit? Wer zieht die Kinder auf?
- Wer betreut die kranken Kinder?
- Wer kauft Geburtstagsgeschenke für Freunde der Kinder?
- Wer geht zu Elternabenden?

Schau dir an, wer welche Rolle bedient. Manchmal ist es sinnvoller, dieses Rollenspiel zu verlassen, manchmal reicht auch einfach ein (zeitweiser) Rollentausch, um das Gleichgewicht wiederherzustellen.

An diesen Anzeichen erkennst du, dass eure Beziehungs-Wippe gekippt ist:

- Eifersucht, je nach Ausprägung
- eine*r wartet immer (zum Beispiel das Warten darauf, wann der oder die andere endlich von der Arbeit heimkommt)
- Täter-/Opferhaltung mit Vorwürfen („Du arbeitest immer zu viel und hast keine Zeit für mich.“)
- Wenn eine*r mehr in die Beziehung investiert als der oder die andere („Lass uns zur Paarberatung gehen, was unternehmen, in den Urlaub fahren“, usw.)
- Eine*r fühlt sich vernachlässigt, und der oder die andere kann nicht atmen
- Eine Person verteilt ständig Komplimente und Liebesbekundung, die andere nie
- Beruf, Kinder, Freunde, Hobby, Party sind immer wichtiger als Zeit zu zweit
- Persönlichkeitsentwicklung einer Person von Unsicherheit zu Selbstsicherheit und Selbstvertrauen, während die andere Person keine Entwicklung durchmacht

In einer paradoxen Leidenschaft ist es kontraproduktiv, den überlegenen Teil zu mehr Zeit, mehr Sex oder mehr Nähe zu zwingen. Es wird genau das Gegenteil bewirken, so dass sich der oder die Überlegene noch mehr zurückzieht und die Distanz vergrößert, worauf der unterlegene Part noch näher heranrutschen möchte.

Falls die Wippe noch aktiv ist und sich immer wieder mal ein bisschen Balance einspielt, kann es hilfreich sein, wenn die unterlegene Person auf Abstand geht. Alternativ kann die überlegene Person fünf Minuten ihrer Zeit opfern, um dem unterlegenen Part Aufmerksamkeit zu schenken – aus eigenem Antrieb, weil die Beziehung wichtig ist, und nicht, um die andere Person zu manipulieren!

Allerdings klappt das nur, wenn sich auf der Wippe noch was bewegt. Hier kannst du ausprobieren, genau das Gegenteil von dem zu tun, was deine Panik dir einflüstert:

- Wenn du glaubst, nicht atmen zu können, hinterfrage dich genau. Ist das wirklich wahr? Erstickst du, wenn du mit deinem oder deiner Partner*in heute Abend Sex hast?
- Ist es wirklich wahr, dass dein*e Partner*in bei nächstbester Gelegenheit mit jemand anderem durchbrennt, nur weil er oder sie Abstand braucht?

Freiheit kostet Bindung und Bindung kostet Freiheit. Auf der Skala von totaler Autonomie bis zu totaler Gefangenschaft könnt ihr surfen. Ihr könnt bewusst entscheiden, wie viel Freiheit und wie viel Bindung für euch gut ist.

Wenn das nicht möglich ist, weil das Nervensystem einer Person permanent im Panikmodus ist, hilft eine Therapie. Hier könnten möglicherweise ein Trauma oder eine Bindungsstörung zugrunde liegen, die sich nicht einfach wegdenken, wegtrainieren oder wegatmen lassen.

In einer Paartherapie könnt ihr eure paradoxe Leidenschaft klären, wenn es um eine ungesunde Beziehungsdynamik oder unsichere

Bindungsstile geht. Das werdet ihr vermutlich aus eigener Kraft nicht schaffen – und es ist auch völlig okay, sich professionelle Hilfe zu holen!

Emotionale Kinderkacke oder lieber erwachsen werden?

Wenn wir durch die Kommentarspalten auf den Social-Media-Plattformen scrollen oder mit Freunden zusammensitzen, dann lesen und hören wir oft die gleiche Leier:

- „Die Politiker sind schuld daran, dass ich so wenig Geld habe."
- „Die Medien sind schuld daran, dass wir alle verblöden."
- „Mein Ex-Freund ist schuld daran, dass ich Probleme damit habe, mich auf jemand Neues einzulassen."

Es ist so einfach, die Schuld für das verkorkste eigene Leben bei anderen Menschen oder äußeren Umständen zu suchen. Genau das haben die meisten von uns als Kinder gelernt. Das Problem daran ist nur: Solange wir versuchen, die Schuld auszulagern, geben wir auch die Verantwortung für unser Leben an andere ab. Wir bleiben emotional Kinder.

Kinder sind äußeren Umständen tatsächlich ausgeliefert. Sie sind abhängig von ihren Eltern und Bezugspersonen. Ihr Überleben hängt davon ab, dass Mama und Papa sie füttern, wickeln, sie streicheln und ihnen ein Pflaster aufs Knie kleben, wenn es aufgeschürft ist. Wenn sie hungrig sind, müssen sie sofort essen und wenn ein Spielzeug verloren geht, kann das ein Weltuntergang sein. Das ist völlig natürliches kindliches Verhalten.

Wir wachsen heran, gehen zur Schule, entwickeln Kompetenzen und lernen, für uns selbst zu sorgen. Emotional bleiben allerdings viele von uns in einem Kind-Schema stecken und verpassen somit, auch innerlich ein erwachsener Mensch zu werden. Dies liegt in den meisten Fällen daran, dass wir in Familien aufgewachsen sind, in denen unsere Eltern selbst nicht emotional erwachsen waren, sondern ungesunde Muster und Verhaltensweisen weitergegeben haben, ohne sie zu hinterfragen. So kommt es, dass heute in vielen Beziehungen nicht zwei erwachsene Menschen miteinander sprechen, sondern häufig ein unbewusstes Kind-Ich und ein internalisierter Eltern-Anteil.

Der amerikanische Psychiater Eric Berne hat in diesem Zusammenhang das Modell der Transaktionsanalyse begründet (einen guten Einstieg gibt es bei Gamber 2016). Es besagt, dass es in jedem Menschen mehrere innere Anteile gibt:

- Ein internalisiertes Eltern-Ich: Dieses ist entweder fürsorglich oder belehrend. Es ist die Stimme in unserem Kopf, die entweder auf uns draufhaut, wenn wir wieder mal was „falsch" gemacht haben, oder die freundlich zu uns ist – je nachdem, wie unsere eigenen Eltern uns behandelt haben.
- Ein Erwachsenen-Ich: Dieses reagiert angemessen auf äußere Situationen und kann auf Augenhöhe mit anderen Erwachsenen-Ichs kommunizieren.
- Ein Kind-Ich: Dieses zeigt sich in unterschiedlichen Situationen – je nachdem, wie wir aufgewachsen sind – entweder natürlich (spielerisch, inspiriert, begeistert), angepasst oder rebellisch (trotzig, kämpferisch).

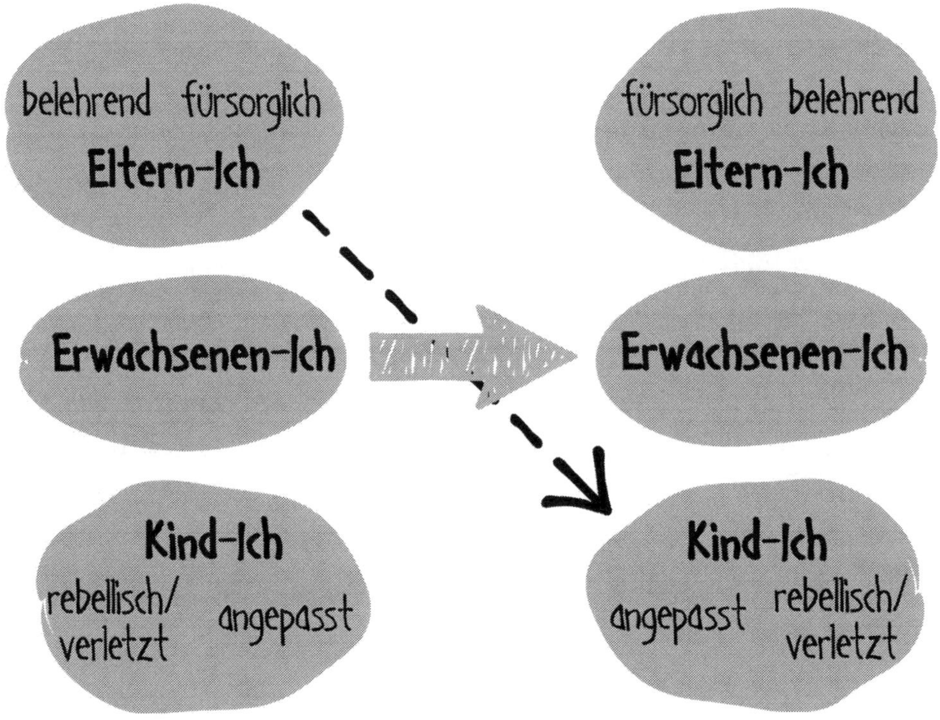

In vielen Partnerschaften treffen zwei Menschen aufeinander, die in Stresssituationen in einen dieser Anteile verfallen. So kommunizieren nicht zwei erwachsene Partner*innen, sondern beispielsweise ein belehrendes Eltern-Ich und ein trotziges Kind-Ich. Erinnere dich an ältere Pärchen, die sich mit Mama und Papa anreden. Damit bekommst du eine Vorstellung davon.

Solche Partnerschaften können lange gut gehen, manchmal sogar ein Leben lang, doch dies wird auf Kosten der Selbstermächtigung und Selbstbestimmung eines oder beider Partner*innen passieren. Und, wie erwähnt, ziemlich sicher auch auf Kosten eines leidenschaftlichen Sexlebens.

Wenn du dich dafür entscheidest, die Arbeit zu tun und emotional erwachsen zu werden, hat das viele Vorteile:

- Du fühlst dich auf Dauer wesentlich freier und selbstbestimmter.
- Du bist weniger erpressbar, fühlst dich weniger abhängig von

anderen und musst deshalb nicht mehr ständig allen alles recht machen (sogenanntes People Pleasing, dazu später noch mehr).

- Du hast nicht mehr das Gefühl, dass du andere Menschen um Erlaubnis für irgendetwas bitten musst und kannst auch deine Mitmenschen immer mehr so annehmen, wie sie sind.
- Du kennst deine Werte und Ziele, stehst für dich selbst ein und machst nicht mehr die Umstände oder andere dafür verantwortlich, ob in deinem Leben etwas klappt oder nicht.
- Du bist ein selbstermächtigter, eigenständiger Mensch.

Um emotional erwachsen zu werden ist der erste und wichtigste Schritt:

Mach dich nicht selbst fertig. Hau dir nicht die Peitsche auf den Rücken, wenn du in einer Situation überreagierst. Bewerte dich nicht, wenn du dich ohnmächtig oder machtlos fühlst. Sei nicht gemein zu dir selbst, wenn du dich in einigen der oben genannten Beispiele erkannt hast.

Behandle dich selbst aus dem Erwachsenen-Ich und nicht wie ein strenges Eltern-Ich! Allein damit durchbrichst du dieses Muster.

Konkrete Übungen für ein Erwachsenen-Ich:

- Behalte deine Emotionen erstmal bei dir, ohne sie deinen Mitmenschen um die Ohren zu blasen. Halte es aus, die Klappe zu halten und in deinen Gefühlen zu sein, anstatt sie auszuagieren.
- Hinterfrage dich, woher deine Gedanken und Gefühle kommen. Warum fühlst du, was du fühlst? Warum denkst du, was du denkst? Nutze dafür das Selbstcoaching-Modell aus dem Kapitel „So pflegst du deinen Beziehungsgarten".
- Mach eine Pause in Konfliktsituationen, kühle deine Emotionen runter und führe im Anschluss Gespräche auf Augenhöhe.
- Lenke deinen Fokus regelmäßig nach innen in deinen Körper, um deine Emotionen zu fühlen, anzunehmen und anzuerkennen, ohne sie zu bewerten und ohne dich dafür fertig zu machen – auch und gerade die unangenehmen!
- Übernimm Verantwortung für dein Leid, aber auch für deine

Freude, deine Inspiration, deine Begeisterung und deinen Erfolg. Leg dir dafür ein Erfolgstagebuch an und schreibe regelmäßig rein, was dir gut gelungen ist.

Achtung: Ich erlebe bei meinen Kund*innen oft, dass sie verstanden haben, wie sinnvoll und wertvoll es ist, emotional erwachsen zu werden, so dass sie möglichst schnell dort ankommen wollen. Es bringt dir aber nix, wenn du dir in deinem Kopf sagst: „Ich bin erwachsen, ich weiß, ich sollte mich in dieser Situation jetzt nicht so aufregen." Damit schiebst du deine Emotion weg und übergehst sie. Stattdessen darfst du dem trotzigen, rebellischen, ängstlichen oder angepassten Kind in dir erstmal Raum geben. Beleuchte dazu alle Aspekte deines Lebens und schreib auf, wie du dich diesbezüglich fühlst:

- Wie läuft deine Partnerschaft? Wer ist schuld daran, dass sie so läuft, wie sie läuft?
- Wie steht es um deinen Job und deine Finanzen? Wer ist schuld an deiner Situation?
- Wie geht es dir gesundheitlich? Bist du fit und ernährst du dich gut? Wer ist schuld, wenn dem nicht so ist?
- usw.

Wichtig ist, dass du das Kind in dir sprechen lässt, das sich auskotzen will. Sei offen für deinen eigenen Mist, schreib ihn auf und gib ihm Raum.

In einem zweiten Schritt kannst du dann völlig nüchtern und emotionslos die Sachlage in den einzelnen Lebensbereichen aufschreiben. Zum Beispiel:

- „Mein*e Partner*in und ich reden weniger miteinander als früher. Wir haben einmal im Monat Sex. Unser letzter Urlaub ist zwei Jahre her." Oder:
- „Ich verdiene im Moment XY Euro pro Monat. Ich arbeite XY Stunden."
- „Ich mache keinen Sport."

- usw.

Hier geht es darum, alle Emotionen draußen zu lassen und ganz nüchtern die Fakten zu betrachten. Nun sieh dir einen Fakt nach dem anderen genau an und spüre, welche Gedanken und Gefühle er in dir auslöst. Schreibe auch diese auf:

- „Wir haben einmal im Monat Sex." → „Ich glaube, er/sie begehrt mich nicht. Ich fühle mich unattraktiv und unsicher."
- „Ich verdiene XY Euro." → „Ich hätte gerne mehr Geld, aber ich glaube nicht, dass ich qualifiziert genug bin, um einen besseren Posten zu bekommen."
- „Ich mache keinen Sport." → „Es wäre mir peinlich, rauszugehen und zu laufen. Ich fühle mich zu dick dafür."
- usw.

Im letzten Schritt frage dich: Was würde ich denken, fühlen und tun, wenn ich in dieser Situation die volle Verantwortung für mein Leben übernehmen würde? Anders gefragt: Wie könnte sich dieser Umstand ändern, wenn ich die Schuld nicht mehr bei anderen Menschen oder in äußeren Umständen suche, sondern die Verantwortung dafür zu mir zurückhole und anders denke, fühle und handle?

Mit dem Selbstcoaching-Modell kannst du das alles wunderbar abbilden und einsortieren. Es hilft dir enorm, wenn du anfangen willst, unabhängiger zu sein und Eigenverantwortung zu übernehmen.

Die emotionale Achterbahn

Meine Kollegin Martina Booth, Gast-Coach im Liebe Leben Premium-Membership-Bereich[13], ist Expertin, was den Umgang mit Gefühlen betrifft. Ich arbeite selbst mit ihr als Coach, um meinen Umgang mit meinen Gefühlen zu verbessern und mich immer seltener in einem Gefühlsdrama zu verlieren. Als sehr emotionaler Mensch bin ich es gewöhnt, dass meine Gefühle Vollgas geben und die emotionale Achterbahn extrem nach oben und nach unten rauschen kann. Im Laufe meines Lebens habe ich mich daran gewöhnt. Mein Mann findet meine Gefühlslage manchmal faszinierend, manchmal beängstigend und ist froh, dass er selbst nicht so heftigen Emotionen ausgesetzt ist. Das heißt aber nicht, dass er nicht auch blöde Gefühlszustände erlebt. Das tut jeder Mensch in unterschiedlicher Ausprägung. Im Workshop *Gefühle fühlen* im Membership-Bereich hat Martina vor allem drei Gründe identifiziert, warum es für uns alle sinnvoll ist, sich eingehend mit der eigenen Gefühlswelt zu beschäftigen:

- Gedanken ändern allein reicht oft nicht.

  Selbst wenn wir bereits sehr bewusste Menschen sind und uns mit unseren Gedanken auseinandersetzen, finden Veränderungsprozesse nicht von heute auf morgen statt. Eine neue Realität zu erschaffen, braucht Zeit – und in dieser Übergangszeit werden alte und unangenehme Gefühle auftauchen. Gerade dann ist es wichtig zu wissen, was da gerade im Körper passiert und wie du damit umgehen kannst.

- Schlimme Dinge passieren!

  Manchmal gibt es Situationen im Leben, in denen es nichts bringt, wenn wir einfach anders denken oder Gefühle unterdrücken. Wenn beispielsweise eine geliebte Person stirbt, dann sind Trauer, Wut und Verzweiflung völlig angemessen und wir dürfen diese Emotionen durchleben, ohne darin unterzugehen. Wir sollten verstehen, dass negative Gefühle ihre Berechtigung haben!

- Traumatische Erfahrungen kennen keine Logik.

Besonders, wenn ein Trauma im Spiel ist, überfallen uns schlimme Gefühle und Emotionen unvorhergesehen und mit einer immensen Stärke. Denn Traumainformationen sind im Nervensystem gespeichert und werden schneller getriggert, als unser rationaler Verstand denken kann. Gerade für diese „Gefühls-Überfälle" braucht es wirksame Bewältigungsstrategien.

Wer nicht lernt, die eigenen Gefühle zu identifizieren und einen guten Umgang mit ihnen zu finden, läuft Gefahr, in Beziehungen Dinge zu sagen und zu tun, die er oder sie hinterher bereut oder ungesunde Bewältigungsmechanismen zu entwickeln, um den ungeliebten Emotionen aus dem Weg zu gehen. All das jedoch ist auf Dauer anstrengend und ungesund.

Ein Gefühl ist im Grunde nichts anderes als eine Vibration, die in deinem Körper ausgelöst wird. Stark vereinfacht dargestellt: Dein Gehirn nimmt Umstände im Außen wahr, interpretiert diese anhand seiner bisherigen Erfahrungen und sendet in Folge den entsprechenden Hormon-Cocktail an deinen Körper, den du als Gefühl wahrnimmst.

Im Unterschied zu einer herkömmlichen physischen Empfindung, zum Beispiel sich den kleinen Zeh an der Türschwelle zu stoßen, hat ein Gefühl seinen Ursprung im Gehirn und breitet sich von dort in deinem Körper aus. Der Schmerz des Zehs entsteht hingegen im Körper und wird von dort an dein Gehirn weitergeleitet, das dann entscheidet, ob der Schmerz gefährlich ist oder nicht.

Über unsere Emotionen fühlen wir uns mit dem Leben und anderen Menschen verbunden. Im Grunde findet unser gesamtes Leben auf der Gefühlsebene statt. Es sind die empfundenen Gefühle, die uns lebendig machen. Trotzdem haben wir eine innere Abneigung dagegen, alle Gefühle tatsächlich wahrzunehmen.

Das liegt daran, dass wir in einer Gesellschaft leben, in der der Umgang mit Gefühlen weitgehend stigmatisiert wird. Gefühle werden eingeteilt in gut und schlecht. Es gibt eine gewisse Spanne an Emotionen, die gesellschaftlich akzeptiert sind und wir sozusagen offiziell fühlen dürfen, während andere Gefühle keinen Platz in unseren zwischenmenschlichen Beziehungen haben dürfen.

Außerdem gibt es immer noch ein starkes geschlechtsspezifisches Ungleichgewicht in der Akzeptanz von Gefühlen: Frauen dürfen sich eher schwach zeigen, Männer dafür wütend. Umgekehrt sollten Männer auf keinen Fall Schwäche zeigen und Frauen wird es übel genommen, wenn sie wütend sind. Das Resultat dieser einschränkenden Haltungen ist unser innerer Drang, gewisse Gefühle unbedingt fühlen zu wollen und andere zu unterdrücken oder zu verdrängen.

Dabei werden wir im Entwickeln von Bewältigungsstrategien richtig kreativ. Die fünf häufigsten Mechanismen, auf die wir zurückgreifen, wenn wir Gefühle vermeiden wollen, sind:

- Reagieren: Weil wir von unserer Emotion überfordert sind und uns deshalb nicht mit ihr auseinandersetzen möchten, beginnen wir, völlig impulsartig auf die äußere Situation zu reagieren, die das Gefühl in uns ausgelöst hat. Wir schreien zum Beispiel unseren Partner an oder verlassen fluchtartig eine soziale Situation, weil wir so gestresst sind.
- Unterdrücken: Wir gehen in den Widerstand unserem Gefühl gegenüber, weil wir Angst davor haben, es in unserem Körper wahrzunehmen. Daraus entstehen mit der Zeit körperliche Anspannungen: die weit verbreiteten Nackenschmerzen, das Bauchweh, der Kloß im Hals, der krumme Rücken und so weiter.
- Ablenken: Weil wir nicht wissen, wohin mit unserer Trauer, unserer Verzweiflung oder unserer Enttäuschung, versuchen wir uns abzulenken. Wir starten den berühmten Netflix-Serien-Marathon oder verbringen Stunden über Stunden mit dem Scrollen durch Social Media. Auch exzessives Partymachen und Ausgehen mit Freunden zählen zu beliebten Ablenkungsstrategien.
- Dissoziieren: Dieser Coping-Mechanismus ist vor allem bei traumatisierten Menschen sehr häufig, kommt jedoch generell überraschend oft vor. Dissoziation bezeichnet die Abspaltung unserer Gefühle. Wir beginnen, nur noch im Kopf und in unseren

Gedanken zu leben und den Körper immer weniger wahrzunehmen. Tagträume, ständig wiederkehrende Gedankenspiralen und eine intensive Auseinandersetzung mit dem Thema selbst, die sich allerdings rein auf der kognitiven Ebene abspielt, sind typische Merkmale der Dissoziation.

- Substituieren: Wenn wir nicht nur versuchen, unsere negativen Gefühle zu unterdrücken, sondern stattdessen auch positive zu erzeugen, dann beginnen wir, Ersatzhandlungen auszuführen. Essen, um die Leere zu füllen, Pornos schauen, um nicht denken zu müssen, ein, zwei Gläser Wein zum Einschlafen, um die Angst nicht zu spüren, usw. Im Extremfall wird die Substitutionshandlung zu einer Sucht.

Die sechs Grundgefühle und ihre Funktionen

Indem wir gelernt haben, uns in Vermeidungsstrategien zu flüchten, nehmen wir uns jedoch die Chance, unsere Gefühle zu identifizieren und darauf zu hören, was sie von uns wollen. Denn alle unsere Gefühle haben eine Botschaft an uns. Keine dieser Botschaften möchte uns in Wahrheit schaden. Im Gegenteil: Ein Gefühl ist meist eine Aufforderung an uns, etwas zu tun. Das Ziel unserer Gefühle ist es, dass wir überleben. Es gibt sechs Grundgefühle, die die gesamte Menschheit kennt und die alle eine individuelle Botschaft an uns haben:

1. **Wut bzw. Ärger:** Fühlen wir Wut, zeigt uns unser emotionales System, dass gerade eine unserer Grenzen überschritten wurde. Unsere Wut ist immer ein Hinweis darauf, dass wir uns im sozialen Kontext selbst behaupten dürfen. Wer sich häufig von anderen über die eigenen Grenzen trampeln lässt, wird immer mehr Wut anstauen, der man sich stellen sollte.
2. **Angst:** Angst ist notwendig, um das Überleben zu sichern und Gefahren zu erkennen. Die Angst selbst jedoch ist niemals lebensgefährlich. Was viele Menschen in die Überforderung treibt, ist

die Tatsache, dass wir das Gefühl Angst mit der tatsächlichen Gefahr verwechseln. Am schlimmsten ist fast immer die Angst vor der Angst.

3. **Scham:** Scham zu fühlen ist im sozialen Kontext notwendig, um unsere Bindung zu anderen Menschen aufrechtzuerhalten. Wir tun gewisse Dinge nicht, um in der Gruppe von anderen anerkannt und geliebt zu werden. Ungesund wird es dann, wenn Schamgefühle unsere intuitive Handlungsfähigkeit einschränken.
4. **Ekel:** Auch dieses Gefühl ist wichtig, um Tabus, die eine bestimmte Gruppe aufgestellt hat, zu meiden. So sichern wir unsere Zugehörigkeit zu dieser Gruppe. Ekel ist ein sehr stark anerzogenes Gefühl. Wir können als erwachsene Menschen jedoch hinterfragen, warum wir uns vor gewissen Dingen ekeln und ob wir dies auch weiterhin tun wollen.
5. **Trauer:** Trauer fühlen wir dann, wenn wir etwas verlieren, mit dem wir starke, positive Gefühle verbinden. Sie ist eine völlig angemessene Reaktion, die wir fühlen und durchleben dürfen. Eine Auseinandersetzung mit der eigenen Trauer ist essenziell wichtig, um das Leben nach und nach auch wieder genießen zu können.
6. **Freude:** Wenn wir uns bewusst zu positiven Gefühlen hinbewegen, empfinden wir Freude. Freude ist ebenfalls ein Gefühl, das sehr stark im sozialen Kontext entsteht und welches wir gerne mit uns nahestehenden Menschen teilen.

Eines der wichtigsten Merkmale von Gefühlen ist, dass sie *nicht von Dauer* sind – weder die angenehmen noch die unangenehmen Emotionen. Gefühle haben einen flüchtigen Charakter. Im Idealfall rollen sie durch unseren Körper und verlassen ihn wieder – sie sind Energie in Bewegung. Wenn wir aber versuchen, sie wegzudrücken und zu vermeiden, ist es so, als würden wir einen Wasserball unter Wasser drücken. Irgendwann ploppt er doch nach oben.

Zwei Bereiche des Nervensystems arbeiten als Gegenspieler: das sympathische und das parasympathische Nervensystem. Einfach ausgedrückt ist das sympathische Nervensystem angespannt und bereitet uns auf Gefahr vor (unsicher), das parasympathische Nervensystem ist entspannt und ruhig (sicher). In sicherem Zustand fühlen wir uns mit unserer Umgebung und anderen Menschen verbunden. Wir sind ruhig, können uns gut konzentrieren und das Leben entspannt genießen. In unsicherem Zustand jedoch fühlen wir uns entweder über- oder untererregt. Dann tendieren wir zu Traumareaktionen wie Fight or Flight (Kampf oder Flucht), oder dazu, innerlich einzufrieren und nach außen weiterhin zu funktionieren (die sogenannte Freeze- bzw. Fawn-Reaktionen). Dazu liest du später mehr im Abschnitt „Die vier apokalyptischen Reiter und Traumareaktionen".

Wenn wir uns nun mit unseren Emotionen nicht beschäftigen, trainieren wir unser Nervensystem darauf, ständig in einem Modus von Unsicherheit und Angst zu funktionieren. Schicken wir dem Körper über Wochen, Monate oder sogar Jahre hinweg dieselben Signale – denselben Hormon-Cocktail – beginnen wir irgendwann, uns damit zu identifizieren. Dann werden wir zu einer ängstlichen/wütenden/unsicheren/… Persönlichkeit.

Die Wahrheit jedoch ist: Wir spulen einfach immer dieselben Reaktionsmuster in unserem Nervensystem ab. Unsere Persönlichkeit hat damit nichts zu tun! Sobald wir lernen, unsere Emotionen wieder in unserem Körper wahrzunehmen und durch uns hindurchfließen zu lassen, können sie auch wieder gehen. Dadurch kann sich die Lebensqualität massiv verbessern.

Um wieder in Verbindung mit deinen Gefühlen zu kommen und dadurch weniger zu reagieren, zu substituieren oder dich abzulenken, kannst du nun die folgenden Übungen regelmäßig praktizieren. Falls du dich dabei überfordert fühlst, darfst du dir gerne Hilfe bei erfahrenen Coaches oder Therapeut*innen holen.

Übung 1: Gefühle fühlen

Nimm dir für diese Übung 10 bis 15 Minuten Zeit. Setz dich bequem hin, schließe deine Augen und komme hier und jetzt ganz in deinem Körper an. Fühle die Unterlage, auf der du sitzt und nimm dich als Ganzes wahr. Stelle dir nun folgende Fragen:

- *Wie fühle ich mich gerade?*
- *Welches Gefühl kann ich in meinem Körper identifizieren? Woher weiß ich, dass es dieses Gefühl ist?*
- *Wie fühlt sich das Gefühl im Körper an? Wo sitzt es?*
- *Mit welcher Form, Farbe oder Textur könnte ich es beschreiben?*
- *Ist es punktuell oder bewegt es sich?*
- *Wie stark ist das Gefühl auf einer Skala von 1 bis 10?*
- *Welche Assoziationen oder Erinnerungen steigen in mir hoch? Wie alt ist dieses Gefühl? Wann habe ich es zum ersten Mal gefühlt?*
- *Welche Bewegung möchte ich aus diesem Gefühl heraus tun? Oder möchte ich ein Geräusch machen? Etwas aussprechen?*
- *Wenn das Gefühl mit mir reden könnte, was würde es mir sagen?*

Dann öffne langsam die Augen und komme wieder in deiner Umgebung an. Wenn du Lust hast, schreibe auf, welche Erkenntnisse du gehabt hast. Wiederhole die Übung regelmäßig im Alltag.

Übung 2: Sicherer Ort (Resourcing)

Gerade wenn du schmerzhafte Erfahrungen gemacht hast oder mit sehr starken Emotionen umgehen musst, ist es wichtig, parallel zum bewussten Fühlen deiner Gefühle auch Sicherheit in deinem Körper zu etablieren. Das kann durch das sogenannte Resourcing gelingen. Nimm dir auch für diese Übung rund 10 bis 15 Minuten Zeit und komme bequem an dem Platz an, an dem du gerade sitzt oder liegst. Schließe deine Augen.

- *Fühle nun in deinen Körper hinein und finde einen Ort, an dem du Sicherheit wahrnehmen kannst. Vielleicht sind es die Füße, die Hände, dein Bauch oder dein Hals …*
- *Wie fühlt sich diese Sicherheit für dich an? Mit welchen Worten könntest du das Gefühl beschreiben – zum Beispiel warm, angenehm, weit, locker ..?*
- *Bleibe mit deiner Aufmerksamkeit in diesem Bereich deines Körpers und achte darauf, was mit deiner Atmung passiert. Kann das Gefühl auch in andere Bereiche deines Körpers wandern?*
- *Wenn du das Sicherheitsgefühl gut wahrnehmen kannst, dann umfasse mit deiner linken Hand dein rechtes Handgelenk und setze so einen Körperanker, um das Gefühl abrufen zu können, sobald du dich wieder überfordert oder gestresst fühlst.*

Falls du in deinem Körper keinen Bereich findest, in dem du dich sicher fühlst, kannst du stattdessen üben, eine Erinnerung an einen bestimmten Ort oder an einen Menschen abzurufen, an dem oder mit dem du dich sicher fühlst. Falls auch das für dich nicht möglich ist, dann erschaffe in deinen Gedanken einen sicheren Ort.

Wenn du mit der Zeit geübter im Resourcing wirst, kannst du nach und nach zwischen den schwierigen Emotionen bzw. Traumainformationen und deinem Safe Space hin- und herwechseln und so auch überwältigende Emotionen langsam integrieren.

Wichtig ist, den ersten Schritt zu gehen und sich bewusst dafür zu entscheiden, Verantwortung für die eigenen Emotionen zu übernehmen. Dadurch trennst du dein Gefühl von der auslösenden Situation im Außen und beginnst, es separat zu betrachten und ihm Aufmerksamkeit zu schenken. Indem du es aktiv zulässt und verarbeitest, hat es keine so große Macht mehr über dich. Wenn du parallel dazu beginnst, die Ursachen aufzudecken, die hinter dem Gefühl stehen, integrierst du deine Vergangenheit. Somit musst du nicht mehr zu Bewältigungsstrategien und Vermeidungshandlungen greifen. Deine Beziehungen werden entspannter und dein Leben wird sich mit der Zeit freier und leichter anfühlen.

Ein gutes Tool, um die Ursachen hinter Gefühlen aufzudecken, ist das Selbstcoaching-Modell im Abschnitt „Schaffe Ordnung in deinem Garten".

Noch ein wichtiger Hinweis: Wenn deine Gefühle sehr intensiv sind oder du traumatische Erlebnisse verarbeiten musst, ist es besser, diese Übungen mit einem oder einer erfahrenen Trauma-Therapeut*in zu machen und nicht alleine daran zu arbeiten. Eine gut ausgebildete Person fängt dich auf.

KAPITEL 7

Passen wir (noch) zusammen?

Ich werde regelmäßig im Coaching und auf Instagram gefragt, ob ein Paar mit großen Unterschieden überhaupt eine Chance auf eine glückliche Langzeitbeziehung hat und welche Anzeichen es gibt, die darauf hinweisen: „Ja, das passt für immer“ oder „Nein, trennt euch lieber“. Sind die Unterschiede unüberbrückbar, geht es zum Beispiel um die Frage „Kinder oder keine Kinder“, ist es recht einfach. Bei anderen Themen gibt es möglicherweise Lösungsansätze, um die Unterschiede nicht nur zu tolerieren, sondern sogar als Bereicherung zu sehen.

Wenn die Erwartungen an eine erfüllte Beziehung komplett auseinandergehen, kriegen sich meine Kund*innen immer wieder in die Haare, ohne eine Lösung für ihre Konflikte zu finden. Eine*r will (plötzlich) eine offene Beziehung, der oder die andere lebt lieber monogam. Die eine Person braucht viel Zuneigung, Nähe und Sicherheit, die andere sehnt sich nach Freiheit. Eine*r will ständig Sex, dem oder der anderen ist es viel zu viel. Eine Person will gern bekocht und bemuttert werden, die andere denkt aber nicht im Traum daran.

Sicher gibt es Konstellationen, die besser passen und für die es leichter ist, eine entspannte und zufriedene Partnerschaft zu führen. Und zugleich gibt es Paare, die so unterschiedlich sind, dass es ein Wunder ist, dass sie sich überhaupt leiden können. Auch in meiner eigenen Ehe gibt es Aspekte, die scheinbar unvereinbar sind und die immer wieder für Reibung sorgen. Für uns ist das gut so, weil uns so nicht langweilig wird.

Aus meiner Erfahrung machen Ähnlichkeiten eine Beziehung leichter, Gegensätze machen sie spannender. Gerade Paare mit krassen Gegensätzen haben das Potenzial, miteinander etwas Besonderes zu erschaffen! Es wäre äußerst langweilig, wenn dein*e Partner*in die komplett gleichen Charakterzüge, Hobbys und Qualitäten hätte wie du, oder? Du hast doch bewusst einen Menschen gewählt, der eben nicht du ist!

Menschen sind nicht eindimensional und haben verschiedene Seiten und Gesichter. Dem oder der Langzeitpartner*in muten wir jedoch nur einen Teil unserer Persönlichkeit zu und verdrängen den Rest wie Bisexualität oder eine BDSM-Neigung. Doch irgendwann kommt genau dieser Rest früher oder später zum Vorschein. Und dann stellen sich die Paare die Frage: „Passen wir zusammen? Oder leben wir eine Lüge?“ Viele glauben, den oder die eigene*n Partner*in in- und auswendig zu kennen und fühlen sich völlig überfordert, wenn sie merken, dass dem doch nicht so ist.

Du erinnerst dich an die Leinwand und den Illusionsvertrag? Jetzt kommt’s: Die Frage „Passen wir zusammen?“ ist die falsche Frage. Du kannst diese Frage mit Ja, Nein und Vielleicht beantworten. Und dann? Die Lösung ist von außen vorgegeben und du kannst nix tun? Das ist doch Mist! Wenn du glaubst: „Wir passen nicht zusammen!“, dann wird dein Unterbewusstsein nach Bestätigung für deinen Glaubenssatz suchen und immer mehr auf die Situationen achten, in denen ihr nicht harmoniert. Daher sei vorsichtig mit solchen Äußerungen.

Die richtigen Fragen lauten:

- Sind wir bereit, die Herausforderungen anzunehmen?
- Können wir unsere Gemeinsamkeiten genießen und die Unterschiede akzeptieren?
- *Will* ich mit diesem Menschen zusammenpassen?
- Sind wir bereit, die Beziehungsarbeit zu leisten?

Das bedeutet nicht, sich zu verbiegen – sondern zu lernen, damit klarzukommen, dass der oder die andere anders ist. Nicht in allen Aspekten, aber doch hoffentlich in einigen.

Es ist völlig okay, nicht zusammenzupassen. Eine glückliche Beziehung ist trotzdem möglich, wenn beide der Beziehung gegenüber positiv eingestellt sind, wenn es möglich ist, Konflikte auszutragen und zu lösen und unlösbare Probleme bewusst zu akzeptieren.

Viel wichtiger als die Frage des Zusammenpassens sind andere Eigenschaften, um eine Beziehung langfristig glücklich zu gestalten:

- Kannst du die „Special Effects", also die Eigenheiten deines oder deiner Partner*in tolerieren?
- Oder zumindest akzeptieren?
- Darüber lachen?
- Bist du großzügig, damit er oder sie so sein darf, wie er oder sie es will?

Mit kleinen Kindern gehen wir gütig, wertschätzend und ermutigend um. Kannst du das auch mit deinem oder deiner Partner*in?

- Oder bist du ständig im Kampf?
- Willst du immer Recht haben?
- Willst du deine*n Partner*in von *deiner* Einstellung und Wahrheit überzeugen?

- Bist du sicher, dass Monogamie die einzig mögliche Beziehungsform ist, auch wenn dein Partner oder deine Partnerin das anders sieht?

Mit dieser Haltung wirst du früher oder später vor den Trümmern deiner Beziehung stehen. Ob man zusammenpasst oder nicht, ist keine Tatsache, die irgendwo festgeschrieben steht. Es hängt immer davon ab, wie Paare miteinander umgehen und wie sie die Persönlichkeit und die Special Effects des oder der anderen annehmen und wertschätzen können.

Für manche ist das anstrengender, für andere einfacher. Manche dürfen darauf achten, Schwung in die Bude zu bekommen und nicht vor Langeweile zu sterben, andere dürfen den Wind aus den Segeln nehmen und Konflikte entspannter oder lustiger lösen.

Manche dürfen daran arbeiten, sich gemeinsame Ziele und Visionen zu setzen, andere dürfen sich auf die Suche nach Dingen machen, die sie allein und ohne den Partner umsetzen.

Für manche Paare gibt es keine Hoffnung, weil sich eine*r stur weigert, sich weiterzuentwickeln, die mögliche Veränderung der Persönlichkeit des oder der anderen zu akzeptieren und nach Lösungen zu suchen.

Manche Paare tun sich nicht gut, bestätigen sich in ihren ungesunden Beziehungsmustern und bringen gegenseitig die jeweils blödesten Seiten zum Vorschein.

Nicht jede Beziehung ist dafür gemacht, so lange zu halten, bis dass der Tod sie scheidet. Das ist völlig okay – denn wir haben heutzutage das Privileg, uns trennen zu können.

Spanisch und chinesisch – unterschiedliche Liebessprachen

Es gilt als Standardwerk in der Paarberatungs- und Coaching-Szene: das Buch *Die fünf Sprachen der Liebe* von Gary Chapman (Chapman 1994). So hilfreich das Tool der Liebessprachen auch sein mag, so viel

Schaden kann es anrichten – wie ein Messer, mit dem man leckere Gerichte zubereiten, aber sich auch ordentlich in den Finger schneiden kann.

Wie du bereits weißt, ist der Anfang einer Beziehung hormonbedingt immer etwas Besonderes. Wir sprechen nicht nur fünf, sondern gefühlt fünfhundert Liebessprachen fließend. Sobald wir dann merken, dass wir uns nicht mehr permanent um den oder die Partner*in bemühen, ihn oder sie nicht mehr beeindrucken und nicht mehr beweisen müssen, wie toll wir sind, schaltet unser Gehirn auf Sparflamme. Wozu sollten wir unnötig Energie verbrauchen, wenn wir uns unserer Beziehung jetzt sicher sein können? Wozu sollten wir noch vortäuschen, fünfhundert Liebessprachen zu sprechen, wenn doch nun ein oder zwei völlig ausreichen?

Wir sind in unterschiedlichen Elternhäusern groß geworden und wie die Muttersprache lernen wir auch die Liebessprachen dort. Die meisten von uns sprechen im Durchschnitt zwei Liebessprachen. Problematisch kann es werden, wenn diese ein oder zwei Liebessprachen, die wir auch im Alltag locker aus dem Ärmel schütteln, nicht mit den Liebessprachen des oder der Partner*in übereinstimmen und wir uns gegenseitig nicht mehr geliebt und gesehen fühlen.

Die fünf Sprachen der Liebe sind:

1. **Lob und Anerkennung:** Wir sprechen diese Sprache, wenn es uns leichtfällt, dem oder der Partner*in Komplimente zu machen, viel zu kommunizieren, uns mit dem Innenleben des oder der anderen bewusst auseinanderzusetzen und tiefe Gespräche zu führen.
2. **Zeit zu zweit:** Wenn wir großen Wert darauf legen, gemeinsame Quality-Time zu verbringen, ist dies unsere bevorzugte Liebessprache. Es ist uns dann wichtig, auch mal ohne die Kinder auszugehen, einen Urlaub nur zu zweit zu verbringen oder auch im Alltag immer wieder Termine einzuplanen, an denen es ausschließlich um uns als Paar geht.
3. **Geschenke von Herzen:** Diese Sprache sprechen wir fließend,

wenn wir es lieben, den oder die Partner*in mit Geschenken zu überraschen – und zwar nicht nur zu den großen Geschenkefesten. Wir bringen immer wieder gerne Blumen mit, haben oft kreative oder ausgefallene Geschenkideen und es macht uns Freude zu überlegen, was dem Herzensmenschen gefallen könnte.

4. **Hilfsbereitschaft:** Dem oder der Partner*in hier und da eine Aufgabe abzunehmen, freiwillig Hilfe anzubieten und für Entlastung zu sorgen, ist ebenfalls ein Ausdruck von Liebe und Aufmerksamkeit. Damit möchten wir signalisieren: „Ich sehe dich und ich unterstütze dich in dem, was dir wichtig ist."
5. **Zärtlichkeit:** Wer diese Liebessprache spricht, dem geht es nicht nur um viel Sex, sondern vor allem um intensive körperliche Nähe. Kuscheln vor dem Fernseher, der anderen Person immer mal wieder über den Rücken streichen, Hand in Hand spazieren gehen, Arm in Arm einschlafen – all das tun wir, wenn wir auf Zärtlichkeit und Körperkontakt großen Wert legen.

Wenn wir nun nach der ersten Verliebtheitsphase zur Muttersprache heimkehren, dann ist dies kein Problem, sofern der oder die andere dieselben Sprachen spricht. Treffen sich allerdings im übertragenen Sinne beispielsweise eine Spanierin und ein Chinese, könnte es unter Umständen früher oder später zu Kommunikationsproblemen kommen. Aus diesem Grund hat Chapman sein Beziehungstool ursprünglich geschaffen: Es sollte Paaren dabei helfen, sich gegenseitig zu verstehen, auch wenn unterschiedliche Liebes-Muttersprachen aufeinandertreffen.

Was ich jedoch in meiner Paarberatungs-Praxis sehr häufig beobachte, sind Paare, die sich gegenseitig ihre Liebessprachen vorwerfen und es dem Gegenüber unter die Nase reiben, was er oder sie nicht tut:

- „Er weiß doch, wie wichtig es mir ist, Geschenke zu bekommen – warum macht er es denn nicht?"
- „Sie weiß doch, dass ich viel Körperkontakt brauche, wieso kuschelt sie denn nicht mit mir?"

- „Meine Partnerin hilft mir überhaupt nicht ihm Haushalt. Wieso sollte ich dann auch noch mit ihr vögeln?“
- „Wir waren seit der Geburt unseres ersten Kindes nicht mehr zusammen aus. Es ist ihm nicht wichtig, ohne die Kinder Zeit mit mir zu verbringen. Ich fühle mich nur noch als Mutter und nicht mehr als Frau.“

Genau an diesen Stellen geht der berühmte Schuss nach hinten los. Denn das Tool der Liebessprachen ist eben nicht dafür da, den oder die andere zu manipulieren und kontrollieren, was nun bitte endlich geschehen soll. Stattdessen ist es bestens dafür geeignet zu sehen, was die andere Person bereits tut – vielleicht sogar ohne, dass wir es bewusst bemerken. In dem Moment, in dem wir vom Gegenüber etwas verlangen, bewirken wir genau das Gegenteil von dem, was wir wollen: Wir schaffen keine Verbindung, sondern wir machen Druck.

Mein Mann und ich sprechen vier der Liebessprachen recht locker und leicht. Wobei er mir öfter Komplimente macht als ich ihm. Was uns beiden schwerfällt, sind Geschenke. Wir sind beide nicht kreativ und es nervt uns, wenn ein Geburtstag oder eine Einladung ansteht. Zum 50. Geburtstag meines Mannes habe ich eine Packung Twix in Geschenkpapier gewickelt, um nicht mit ganz leeren Händen dazustehen. Würde er sich von mir nur dann geliebt fühlen, wenn ich ihn mit liebevollen Geschenken überrasche, hätten wir ein ernsthaftes Problem. Unser Glück ist, dass es uns beiden ähnlich geht.

Doch wir erinnern uns immer mal wieder an einen Geburtstag, an dem ich den ganzen Tag im Bett gelegen und geheult habe, weil mir mein Mann keine Kerze angezündet hat. Wir waren frisch umgezogen, er konnte auf die Schnelle keine Kerze finden und wollte das mit Sex kompensieren. Mein Gehirn hat daraus gemacht, dass er immer nur vögeln will – seine Hauptliebessprache – und ich ihm völlig egal bin. Und das Drama nahm seinen Lauf!

Sei also vorsichtig, was dir dein Gehirn möglichweise einreden will. Es kann ganze Geburtstage und sogar Ehen zerstören. Zum Glück habe ich aus diesem Erlebnis eine Menge gelernt und diese Art von Drama für immer hinter mir gelassen.

Eine neue Sprache zu lernen ist verdammt anstrengend. Unser Sohn spricht japanisch und ich mag mir gar nicht ausmalen, wie schwer das ist. Wenn du also von deinem oder deiner Partner*in erwartest, deine Liebessprache zu erlernen, darfst du auch würdigen, dass das nicht immer Spaß macht und leicht ist.

Wenn du der festen Überzeugung bist, dass du nur geliebt wirst, wenn deine Liebessprache gesprochen wird, versteckt sich dahinter ein tiefer liegender Glaubenssatz:

- „Meine Mama hat mir immer zum Geburtstag liebevolle Überraschungen gemacht. Das ist Liebe! Mein Mann liebt mich nur, wenn er das auch tut."
- „In meiner Familie wurde ich nie umarmt oder liebevoll über den Kopf gestreichelt. Das hat mir schon immer gefehlt. Wenn ich keine Zärtlichkeiten bekomme, kann ich nicht überleben."
- „Ist es denn zu viel verlangt, dass sie mir ab und zu sagt, dass sie mich liebt und toll findet? Ich sag es ihr doch auch ständig!"

Du brauchst Beweise, dass dich dein oder deine Partner*in liebt, anstatt darauf zu vertrauen, dass es so ist, weil du eine liebenswerte Person bist?

Wenn du dich bei dem einen oder anderen dieser Gedanken erwischst, darfst du dir die Frage stellen: Ist das wirklich wahr? Würdest du dich wirklich geliebt fühlen und endlich „satt" sein – oder brauchst du ständig mehr?

Es ist nicht schlimm, unterschiedliche Liebessprachen zu sprechen. Es braucht nur ein bisschen mehr Verständnis für die andere Person und mehr Vertrauen in euch und eure Beziehung.

Ich mag zu den Liebessprachen das folgende Bild: Es kann sein, dass du ein Loch in deinem „Selbstwert-" oder „Liebenswert-Eimer" hast und dieses Loch nun mit dem Verhalten deines Partners oder deiner Partnerin versuchst zu stopfen. Doch das wird nicht funktionieren. Eine Liebessprache zu lernen, zu sprechen, zu geben, ist superschön und am schönsten, wenn das freiwillig passiert. Den Eimer des oder der Partner*in zu füllen macht Spaß – vorausgesetzt, es ist kein Loch drin!

„Du verstehst mich einfach nicht!" – Acht Tipps für eine erfolgreiche Kommunikation

Das mit den Liebessprachen haben wir geklärt. Jetzt geht es ums „richtige" Sprechen, um die Kommunikation. Viele Paare haben damit echte Probleme und glauben dann, der oder die andere versteht einfach nur Bahnhof.

Es gibt die Standardtipps wie Ich-Botschaft verwenden, das Gegenüber ausreden lassen, den Fernseher ausmachen und das Handy weglegen. Das sind die Grundvoraussetzungen, und es erstaunt mich immer wieder, dass selbst ein Minimum an Kommunikationsfähigkeit nicht vorhanden ist. Aber wie alles andere haben wir auch das in unseren Elternhäusern gelernt oder nicht.

Für mich sind neben den Basics auch noch andere Dinge wichtig, um sinnvolle und fruchtbare Gespräche führen zu können.

1. Achte auf dein Mindset, deine innere Haltung!

Kläre deine innere Haltung dir selbst gegenüber und beobachte deine Selbstgespräche. Wenn du dich verurteilst, ein schlechtes Gewissen hast oder nicht daran glaubst, dass deine Gefühle, Wünsche und Bedürfnisse wichtig sind, dann brauchst du sie erst gar nicht zu äußern. Dein Gegenüber wird merken, wie unsicher du bist, und deine Argumente zerschießen, falls ihr hier über Jahre ein Ungleichgewicht gelebt habt. Selbstachtung ist eine Grundvoraussetzung, um eigene Bedürfnisse anzusprechen.

Kläre deine innere Haltung deinem Partner oder deiner Partnerin gegenüber. Wenn du sauer bist, er oder sie dich nervt oder du keine Lust hast, dich mit ihm oder ihr auseinanderzusetzen, kannst du an deiner

Kommunikation arbeiten bis zum Sankt-Nimmerleins-Tag – sie wird nicht besser. Eine gute Kommunikation setzt die Bereitschaft voraus, dich für dein Gegenüber wirklich zu interessieren, diesen Menschen zu lieben und zu respektieren.

2. Schaffe Klarheit und setze bewusst Ziele!

Es klingt ziemlich albern, aber wenn du dich auf ein wichtiges Gespräch mit deinem Partner oder deiner Partnerin so vorbereitest, als hättest du ein wichtiges Business-Meeting, dann ist die Wahrscheinlichkeit höher, deine Ziele zu erreichen. Schreib dir im Vorfeld auf:

- Was genau willst du besprechen?
- Was sollte am Ende des Gesprächs im Idealfall herauskommen?
- Wie willst du dich fühlen – während des Gesprächs und danach?
- Welches Gefühl willst du bei deiner Partnerin oder deinem Partner erzeugen?

Wenn es emotional hoch hergeht, kann es sein, dass dein Großhirn Aussetzer hat. In diesen Momenten ist ein Zettel mit deinen Stichpunkten Gold wert. Möglicherweise dürft ihr auch eine kurze Pause machen und einmal um den Block gehen, um euch abzukühlen. Nutze dafür auch die Übung im Kapitel „Die sechs Grundgefühle und ihre Funktionen".

Wir alle quatschen viel zu oft, ohne wirklich etwas zu sagen, wir plaudern über andere, das Wetter oder was auch immer. Das ist nett und fällt unter die Kategorie Geselligkeit. Wenn du etwas Wichtiges besprechen willst, ist es sinnvoll, dir vorher bewusst zu machen, was dein Ziel ist. Noch besser ist es, wenn du ihn oder sie fragst: „Was ist unser Ziel? Was soll nach diesem Gespräch anders sein als jetzt? Wo willst du hin? Worum geht es hier gerade wirklich?"

3. Kläre deine Motivation!

Entscheidend für den Erfolg eines Gesprächs ist die Motivation. Willst du einfach nur Dampf ablassen und verbal mal so richtig reinhauen, mag sich das kurzfristig gut anfühlen, doch auf Dauer untergräbt es deine Beziehung.

„Soll ich meinem Partner oder meiner Partnerin von meinem Seitensprung erzählen?" Das ist eine der häufigsten Fragen, die ich gestellt bekomme. Meine Antwort ist darauf: *„Warum willst du das tun? Geht es um dein eigenes schlechtes Gewissen und um deine Erleichterung? – Lass es! Belaste deinen oder deine Partner*in nicht mit etwas, was dein Business ist."*

Ist die Motivation für ein Gespräch Liebe – und auch ein Streitgespräch kann aus Liebe stattfinden –, dann ist die Wahrscheinlichkeit eines Erfolges hoch. Willst du vorankommen in deiner Beziehung, ein neues Beziehungskonzept entwickeln oder eine bisherige Vereinbarung ändern, dann müsst ihr über Treue, Untreue, Monogamie und alternative Beziehungskonzepte sprechen.

Mir ist klar, dass nicht jede*r Partner*in bereit ist, die tiefen und schmerzhaften Gespräche zu führen. Du kannst dennoch so offen sein, wie du möchtest – dann musst du aber aushalten, dass du dein Gegenüber vielleicht überforderst und er oder sie komplett dichtmacht. Du kannst niemanden zwingen, über Gefühle oder die Beziehung zu sprechen. Du kannst Angebote machen und wenn dein*e Partner*in diese nicht annimmt, musst du dir überlegen, ob das auf Dauer die Beziehung ist, die du leben willst.

4. Stelle Fragen und warte die Antwort ab!

Viele Menschen glauben zu wissen, was der oder die andere denkt. Viele glauben, ihre*n Partner*in in- und auswendig zu kennen und hören auf, Fragen zu stellen. Sie ziehen falsche Schlussfolgerungen aus dem

Verhalten oder den Worten der anderen Person und fragen niemals nach, wie diese*r etwas genau gemeint hat.

Anstatt einer Vorannahme in deinem Gehirn zu vertrauen, stelle deinem oder deiner Partner*in so viele Fragen wie nur möglich!

- Wie fandest du diese Stellung letzte Nacht?
- Macht es dich heiß, wenn ich dies oder jenes tue?
- Wie hast du das gemeint?
- Wie wichtig ist Treue für dich?
- Warum ist dir Treue wichtig?
- Magst du heute Abend fernsehen oder lieber ausgehen?
- Ist es okay für dich, jeden Tag zu kochen?
- Kannst du die Kinder fahren oder soll ich das übernehmen?

Leider ist es oft so, dass die eigentlich zuhörende Person, noch während der oder die andere spricht, bereits Gegenargumente im Kopf produziert oder eine Antwort formuliert, anstatt zuzuhören und die Information wirklich aufzunehmen. Nehmt euch Zeit. Nehmt euch ernst.

5. Achte auf dein Wort!

Laut dem US-amerikanischen Psychologen Marshall B. Rosenberg, dem Begründer des Konzepts der Gewaltfreien Kommunikation, hat Kommunikation die Aufgabe, Vertrauen herzustellen und Freude am Leben zu erzeugen (Rosenberg 2007). Es geht nicht darum, das Gegenüber zu einem bestimmten Verhalten zu bewegen und zu manipulieren, sondern darum, eine wertschätzende Beziehung aufzubauen und zu festigen. Wir sprechen unsere „Muttersprache“, also so, wie in unserem Elternhaus miteinander gesprochen wurde. Wenn du erfolgreich und positiv kommunizieren willst, darfst du möglicherweise eine „Fremdsprache“ lernen. Die Gewaltfreie Kommunikation nach Rosenberg war für mich eine Fremdsprache, die ich eine Weile geübt habe, bis sie halbwegs flüssig lief.

Worte sind wie Messer. Sie können sich tief und schmerzhaft in dein Herz bohren oder wertvolle Dienste leisten. Was du einmal ausgesprochen hast, lässt sich nie wieder rückgängig machen. Das erste der vier Versprechen aus dem gleichnamigen Buch von Don Miguel Ruiz (Ruiz 2022) lautet: Achte auf dein Wort! Welche Worte wählst du?

6. 70 bis 80 Prozent Ehrlichkeit ist genug!

Viele Paare glauben ein Recht darauf zu haben, am Leben des anderen zu 100 Prozent teilzuhaben. Sie pochen darauf zu erfahren, was die oder der andere denkt, fühlt und tut. Besonders beim Sex und bei Gefühlen wie Fremdverliebtheit dulden viele keine Geheimnisse. Privatsphäre? Fehlanzeige.

Dein*e Partner*in kann dich einladen, an seinem oder ihrem Leben teilzuhaben – und nur er oder sie allein entscheidet, was er oder sie mit dir teilt und was nicht. Ja, das gilt auch für Sex! Gönne deinem oder deiner Liebsten die Privatsphäre und verwende es nicht gegen dich! Das hält auch die Erotik und die Spannung am Leben.

Wenn Paare es schaffen, 70 oder 80 Prozent Ehrlichkeit in ihrer Beziehung zu leben, dann ist das verdammt viel. Verabschiede dich von den 100 Prozent – sie sind nicht möglich und auch nicht sinnvoll!

Je lauter jemand nach Ehrlichkeit plärrt, umso eher könnte es diese Person überhaupt nicht aushalten, wenn der oder die Partner*in wirklich ehrlich wäre. Überprüfe vorher, ob du die Antwort auf die Fragen, die du stellen willst, auch wirklich hören möchtest und verkraften kannst. Ehrlichkeit hat Konsequenzen. Die sind nicht immer angenehm.

7. Klappe halten

Das mag dir seltsam erscheinen, doch das ist die wichtigste Eigenschaft überhaupt: zu wissen, wann es besser ist, die Klappe zu halten. Du brauchst nicht alles totquatschen in deiner Beziehung. Nicht jeder Gedanke muss das Licht der Welt erblicken. Nicht immer musst du deinen Senf dazugeben. **Du hast recht? Na und? Wen interessiert es?**

Wenn du jammern oder dich über irgendwas beklagen willst, dann verkneif es dir. Hör auf, bei deiner Freundin über deinen Partner zu lästern, hör auf, über das Wetter zu schimpfen, lass es sein, dich bei deinem Partner über deinen blöden Chef auszukotzen. Spar dir Gespräche über Krankheiten und über die Missstände in der Politik. Wenn es negativ ist, halte kurz inne und überlege, ob es irgendwem etwas bringt, darüber zu reden, und wenn nicht – Klappe halten.

Alle Emotionen zu äußern ist wie pupsen. Es kann dich erleichtern, aber dein Umfeld verpesten.

8. Tagesform

Du erinnerst dich an „Hunger, müde, Pipi, kalt, PMS, krank"? Achte auf die Tagesform! Wenn ihr lange im Stau steht, Hunger habt oder es spät abends ist, willst du keine wichtigen Gespräche führen. Sie führen nirgendwohin.

Meinen Affärenpaaren verbiete ich, Gespräche unter Alkoholeinfluss und nach 22 Uhr zu führen. Leider halten sich nicht alle daran, was dazu führt, dass sie eine Menge Zeit verschwenden und sich gegenseitig um den wirklich nötigen Schlaf bringen.

Wenn dein*e Partner*in sich einfach hinlegt und schläft, während du die ganze Nacht kein Auge zu tust, lass ihn oder sie schlafen! Wenn ihr beide wach seid, wird's nicht besser! Lerne, mit deinem Frust, deinem Schmerz oder was immer dein Gefühl sein mag zu leben. Höre dir über Kopfhörer schwere Musik an (mir hilft Rammstein in solchen Situationen) oder zieh dir ein Video rein.

Meine Teilnehmenden am „Back to Love"-Kurs berichten, dass sie nachts um drei, wenn sie nicht schlafen können, meine Videos schauen und sich dann besser fühlen. Das funktioniert nicht bei allen gleich. Probiere aus, was für dich gut ist.

Was ist wirklich wichtig? – Unterschiedliche Werte

- Weißt du, was dir in deinem Leben wirklich wichtig ist?
- Kennst du deine wichtigsten Werte?
- Hast du deine Werte hinterfragt, reflektiert und in die für dich richtige Priorität gebracht?
- Kennst du die wichtigsten Werte deines Partners oder deiner Partnerin?
- Könnt ihr unterschiedliche Werte akzeptieren?

Wie ich es schon angesprochen habe, ist es wichtig, die Paarbeziehung über die Kinder zu stellen und Sex zu einer hohen Priorität zu machen, wenn du welchen haben willst.

Auf dem Vorbereitungsfragebogen für ein Einzelcoaching oder eine Paarberatung frage ich die drei wichtigsten Werte meiner Kund*innen ab. Spannend ist, dass betrogene Menschen oft Werte wie Ehrlichkeit, Zuverlässigkeit und Treue auflisten, währen fremdverliebte Partner*innen überwiegend Freiheit, Selbstbestimmung und Lebensfreude angeben. Daran erkenne ich, dass die wichtigsten Werte kontextabhängig definiert wurden und dass diese Menschen vor der Krise vermutlich noch nie darüber nachgedacht haben, was ihre Werte grundsätzlich sind. Viele kennen auch die Werteliste ihrer Partner*innen nicht und gehen stillschweigend davon aus, dass sie dieselben Werte haben und leben. Diese Werte sind unbewusst übernommen aus den Geschichten, die uns die Gesellschaft erzählt und die wir für wahr halten, zum Beispiel, Fremdgehen ist ganz, ganz schlimm und es gibt keine andere Möglichkeit, als völlig am Arsch zu sein, wenn der oder die Partner*in Sex mit jemand anderem hat.

Werte und ihre Prioritäten

Manson weist auf einen interessanten Effekt hin: Je mehr Menschen einen bestimmten Wert wie Treue teilen und je höher er in der Wertehierarchie ist, desto mehr beharren diese Menschen darauf und desto weniger sind sie bereit, diesen Wert infrage zu stellen. Umso schmerzhafter ist es, wenn sie dieser Wert im Stich lässt (Manson 2019). Daher ist es wenig verwunderlich, dass ein ganzes (unbewusstes) Weltbild und Wertesystem ins Wanken gerät, sobald eine Affäre aufgeflogen ist. Die krisengebeutelten Paare unterhalten sich dann zum ersten Mal in ihrer Partnerschaft über ihre Werte – was eine gute Sache ist.

Meine eigene Werthierarchie habe ich im Rahmen eines NLP-Seminars (siehe oben – Neurolinguistisches Programmieren) zum ersten Mal definiert und es hat mir massiv die Augen geöffnet, warum ich in meinem Leben an der einen oder anderen Stelle nicht vorankomme. Dort habe ich gelernt, dass die fünf wichtigsten Werte darüber entscheiden, ob man im Leben die eigenen Ziele erreicht oder eben nicht. Denn wenn deine Werte nicht mit deinen Zielen übereinstimmen, wird das Nervensystem dafür sorgen, dass deine Werte erfüllt werden und sich vor deine Ziele setzen. Wenn du beispielsweise Geld für die Wurzel allen Übels hältst und Bescheidenheit ein wichtiger Wert für dich ist, wird Reichtum ein unerreichbares Ziel für dich bleiben. In meiner Werteübung, die ich zusammen mit einem Speditionsunternehmer gemacht habe, ist mir aufgefallen, dass Reichtum in meiner Liste gar nicht auftaucht, während ich mir gewünscht habe, mit meiner Familie an Weihnachten in die Sonne zu fliegen.

Die wichtigsten Werte des Unternehmers waren:

1. Erfolg
2. Macht
3. Reichtum
4. Partnerschaft
5. Berufliche Erfüllung

Meine Werteliste sah so aus:

1. Lebensfreude
2. Partnerschaft
3. Freiheit
4. Kinder
5. Berufliche Erfüllung

Damals war ich an einem Punkt meiner Selbständigkeit, an dem ich verzweifelt war, weil mein Business nicht so richtig Geld erwirtschaftete und mehr Ähnlichkeit mit einem Jobby hatte als mit einem Unternehmen. Weihnachten unter Palmen? Vergiss es!

Doch dann traf es mich wie der Blitz. Ich habe plötzlich verstanden: Wenn ich Erfolg und Reichtum nicht wichtig nehme, werden sie auch nicht passieren! Du erinnerst dich an den Papagei?

Der Unternehmer erzählte mir, dass er den Wert „Partnerschaft" erst ein Jahr zuvor in seine Liste aufgenommen hatte, nachdem er seine Ehe fast vor die Wand gefahren hätte. Als seine Frau von Scheidung sprach, waren sie in einer Paarberatung und haben dort ihre Werte beleuchtet, angepasst und ihre Ehe gerettet. Das hat mich dazu inspiriert, die Werte meiner Kund*innen abzufragen. Es ist so erhellend!

Über Werte sprechen

Mein Mann hat damals das gleiche Seminar besucht und wir konnten uns über unsere Erkenntnisse der Werteübung unterhalten. Sein wichtigster Wert war Freiheit, welche ich lange eingeschränkt habe, weil ich es nicht aushalten konnte, allein mit den Kindern zu sein. Ich dachte: „Ach du heilige Scheiße! Wenn ich das weiter so mache, geht unsere Beziehung den Bach runter!" Seitdem wir das geklärt haben, versuchen wir uns gegenseitig in unseren Werten und Zielen zu unterstützen, anstatt uns gegenseitig Freiheiten zu nehmen oder die Werte des oder der anderen herunterzuspielen. Das klappt nicht immer, aber grundsätzlich schon.

Mittlerweile sieht meine Werteliste so aus:

1. Lebensfreude (inklusive Reichtum)
2. Partnerschaft
3. Erfolg
4. Berufliche Erfüllung
5. Freiheit

Meine Kinder sind mittlerweile groß und nehmen nicht mehr ganz so viel Raum ein. Sie durften daher getrost weiter nach unten rutschen, tauchen aber immer noch in meinen Top Ten auf.

Reichtum an sich ist für mich immer noch kein erstrebenswerter Wert, aber ich schätze es sehr, mir Dinge und Reisen leisten zu können, die ich mit Lebensfreude verbinde. Freiheit ist mir wichtig, aber mein Beruf ist mir wichtiger. Daher ist es für mich auch okay, mehr zu arbeiten und Freizeit dafür zu „opfern". Meinem Mann ist Freiheit immer noch am wichtigsten, daher arbeitet er in Teilzeit für mich und hat genug Zeit für seinen Sport und seine Berge!

Viele Paare glauben, dass man dieselben Werte haben muss, damit eine Beziehung funktioniert. Nein, muss man nicht. Aber es darf nicht zu weit auseinanderklaffen. Wenn eine Person Monogamie und Treue als wichtigsten Wert hat und daran auch nichts ändern möchte, die andere Person hingegen Autonomie und Freiheit als wichtigste Werte definiert und am liebsten eine offene Beziehung leben will, wird es schwierig für diese beiden, ein glückliches Paar zu sein.

Im Idealfall können Paare je nach Lebenssituation, Lebensphase, Ziele und Träume ihre Wertelisten definieren, sie immer wieder anpassen und sich darüber austauschen, vor allem wenn sich etwas im Außen oder im Inneren verändert und sich Werte verschieben. Sie sind nicht in Stein gemeißelt.

Eine gute Werteübung kannst du hier online machen: https://einguterplan.de/werte-test (Stand 2022). Das Tool ermittelt aus einer Auswahl von zwölf deine drei wichtigsten Werte. Falls diese Website irgendwann nicht mehr verfügbar sein sollte, kannst du „Werteübung“ googeln oder dich mit Stift und Zettel hinsetzen, dir zehn Werte aufschreiben und sie dann in eine Hierarchie bringen. Dafür kannst du immer zwei Werte miteinander vergleichen und den wichtigeren definieren. Das machst du so lange, bis du herausgefunden hast, welche Reihenfolge deine Werte haben. Als gemeinsame Übung ist es leichter. Dann könnt ihr euch gegenseitig abfragen und die Werte des oder der anderen in die richtige Reihenfolge bringen.

Wenn du deine Werte kennst, gleiche sie auch mit deinen Zielen ab. Passen sie zusammen? Cool! Passen sie nicht ganz zusammen, dann darfst du nochmal ran. Wie du deine Ziele definierst, erfährst du im nächsten Kapitel.

Es gibt zwei Möglichkeiten, Werte zu ändern:

1. Du änderst die Bedeutung von Erlebnissen in der Vergangenheit.
2. Du stellst dir vor, wie eine Zukunft wäre, wenn du andere Werte leben würdest.

Mit meinen Kund*innen mache ich beides. Zuerst schauen wir auf die Beziehungskrise oder Situation, die Stress macht und geben den Ereignissen eine neue Bedeutung. Die wenigsten gehen fremd, weil sie meinen, dass der oder die Partner*in nicht gut genug ist. Niemand trennt sich, weil er oder sie ein rücksichtsloses Miststück ist. Erinnere dich noch einmal daran, dass Menschen immer aus ihrer aktuell zur Verfügung stehenden besten Option handeln – selbst wenn diese lausig ist. Menschen handeln immer, um ein bestimmtes Gefühl zu bekommen und ein anderes zu vermeiden. Das ist wichtig zu verstehen, um weder sich selbst noch andere zu verurteilen. Aus einem Gefühl von Schuld und Scham entstehen nicht die besten Zukunftspläne.

Danach schauen wir auf die Zukunft und auf die Ziele und verschieben die Werteliste mit guten Argumenten, damit das Gehirn den Wechsel auch mitgehen kann.

Mein Gehirn beispielsweise mochte den Gedanken, dass Reichtum ein Ausdruck von Lebensfreude ist. So konnte ich diesen Wert vor mir selbst begründen und ihn ganz oben auf die Liste setzen, ohne etwas aufgeben zu müssen, was mir ebenfalls wichtig ist.

Für meinen Mann ist Reichtum nicht wichtig und er kann meinem Wunsch nach Luxus nicht viel abgewinnen. Sein Wunsch nach Freiheit ist aber auch nicht ganz günstig, so dass er versteht, dass Reichtum nicht nur zum Konsum gut ist, sondern auch für die Freiheit, in Teilzeit zu arbeiten. So kann er hinter mir stehen, auch wenn sich unsere Werte an der einen oder anderen Stelle unterscheiden beziehungsweise unterschiedliche Prioritäten haben. Es hat uns ein paar intensive Gespräche gekostet, um an diesen Punkt zu kommen.

Kinder: ja, nein, vielleicht? – Unterschiedliche Ziele und Zukunftspläne

Ähnlich wichtig wie eure Werte sind eure Ziele und Zukunftspläne, und da niemand von uns Gedanken lesen kann, ist es sinnvoll, sich darüber mit dem oder der Partner*in zu unterhalten. Regelmäßig! Mein Mann und ich setzen uns einmal im Jahr hin – klassischerweise zwischen den Jahren – und überlegen uns, wo unser Leben, unsere Beziehung, das Business, unsere Wohnsituation, unser Sexleben, unser Beziehungskonzept und vieles mehr hingehen soll.

Nach unserer Hochzeit haben wir uns in mehreren Gesprächen darüber ausgetauscht, ob wir Kinder kriegen oder unser Leben lieber kinderlos gestalten wollen. Wir haben uns bewusst für Kinder entschieden. Doch immer mal wieder passiert es auch uns, dass wir unsere Ziele und Wünsche nur mit uns selbst herumtragen und nur kurze Happen davon rauslassen, was dazu führt, dass der oder die andere etwas missverstehen oder falsch interpretieren kann.

Zum Beispiel hat Andi letztes Jahr meine Ziele und Wünsche in Bezug auf mein Business und auf unsere Wohnsituation komplett missverstanden und ich habe gespürt, dass er nicht wirklich hinter mir steht. Grundsätzlich mache ich mein Ding, wenn er aber mit mir an einem

Strang zieht, fühlt es sich leichter an. Erst als wir uns ausführlich zu unseren Zielen ausgetauscht und auch geklärt haben, warum wir was wollen und was dahintersteckt, haben wir wieder ein Team-Gefühl erzeugt. Auch wenn ich sehr auf Eigenverantwortung setze, ist es in einer Beziehung schön, zumindest zu verstehen, was die oder den andere*n bewegt und belastet und wie wir uns gegenseitig unterstützen können.

Wann immer es also möglich ist: Redet miteinander übereinander und über eure Ziele! Im Kapitel „So pflegst du deinen Beziehungsgarten" gehe ich noch näher auf Beziehungsziele ein.

Das Lebensrad

Ein super Tool für die Zielearbeit ist das Lebensrad. Es hilft dir und euch, alle Aspekte eures Lebens im Blick zu haben und zu sehen, wo ihr etwas ändern wollt (und wo nicht). Dafür malst du auf ein Blatt Papier einen Kreis und teilst diesen in zwölf Kuchenstücke.

Jedem Kuchenstück ordnest du einen Lebensbereich zu. Zum Beispiel so:

1. Partnerschaft
2. Beruf
3. Finanzen
4. Kinder
5. Freunde

6. Freizeitgestaltung/Hobbies
7. Wohnsituation
8. Urlaub/Reisen
9. Körper/Fitness/Gesundheit
10. Ziele/Träume
11. Persönliche Weiterentwicklung
12. Entspannung/Zeit für mich

Du kannst die Felder beliebig anpassen – was auch immer in deinem Leben so los ist und welche Bereiche du dir anschauen möchtest.

Nun malst du die Bereiche aus und bewertest damit die Qualität. Male von innen nach außen. Wenn du nichts ausmalst, heißt das, der Bereich ist ausbaufähig. Wenn du einen Bereich mit einer Farbe bis zum äußeren Rand ausfüllst, heißt das, dass dieser Bereich erfüllend und gut ist.

Ihr könnt das beide tun und über eure Lebensräder sprechen. Dabei werden euch Dinge klar werden, die ihr vorher nicht gesehen habt, und ihr lernt euch gegenseitig besser kennen. Egal, wie lange ihr schon zusammen seid.

Solltet ihr in manchen Bereichen und Zielen völlig unterschiedliche Vorstellungen haben, könnt ihr versuchen, die oder den andere*n zu verstehen und nicht zu verurteilen. Wenn euch das Angst macht, ist das okay. Es heißt aber nicht, dem Gegenüber die Ziele auszureden oder schlechtzumachen!

Manchmal gibt es keine Übereinstimmung. Dann dürft ihr euch fragen, ob ihr damit leben könnt. Wenn nicht, warum nicht? Was genau ist das Problem an unterschiedlichen Zielen?

Beim Kinderkriegen ist es klar. Wenn eine Person Kinder will und die andere nicht, gibt es keinen Kompromiss. Vor Jahren habe ich ein Paar durch eine Untreuekrise begleitet und sie dabei unterstützt, ihre Beziehung neu aufzustellen und wieder Vertrauen aufzubauen. Später haben sie sich trotz der überstandenen Krise getrennt, weil sie sich über die Kinderfrage nicht einig werden konnten. Wenn der Kinderwunsch wichtig und stark ist, aber der oder die andere partout keine Kinder will, besteht wenig Sinn darin, die Beziehung fortzuführen.

Streng oder entspannt? – Uneinigkeit bei der Kindererziehung

Wenn ihr euch bei der Kindererziehung nicht einig seid, hat das immer mit eurer eigenen Kindheit zu tun. Menschen erziehen ihre Kinder, so wie sie selbst erzogen wurden. Sogar dann, wenn sie es als Kind gehasst haben, wie ihre Eltern mit ihnen umgegangen sind.

Im Abschnitt über die Beziehung deiner Eltern haben wir uns das Problem mit den eingefahrenen Gleisen im Gehirn bereits angeschaut. Wie Erwachsene mit ihren eigenen Kindern umgehen, liegt an den Weltbildern, Glaubenssätzen und Weisheiten, die sie von den eigenen Eltern mitbekommen haben – und diese haben ihre „Wahrheiten“ von deren Eltern gelernt, usw. Das heißt, wenn wir nicht aufpassen, leben wir den Mist aus vergangenen und längst überholten Generationen weiter. Die meisten Menschen hinterfragen das noch nicht einmal. „Der ein oder andere Klaps auf den Hintern hat mir doch auch nicht geschadet!“, heißt es dann zum Beispiel, wenn Paare darüber streiten, ob körperliche Gewalt heutzutage noch in die Kindererziehung gehört. Nein! Tut sie nicht. Hat sie früher auch nicht, nur hat das nicht interessiert. „Aus mir ist auch was geworden. Die heutige Jugend kennt keine wahren Werte mehr. Sie müssen lernen, was Arbeit heißt und im Leben etwas erreichen.“ Wirklich? Müssen sie das?

Mir zerbricht es das Herz, wenn ich miterlebe, wie streng, aggressiv und hilflos Eltern mit ihren Kindern umgehen. Auch wenn ich es nachvollziehen kann und weiß, dass Kinder ihre Eltern an den Rand des Wahnsinns treiben können. Doch ich sehe es als die Aufgabe der Erwachsenen, ihren eigenen inneren Mist aufzuräumen, ihren Selbstwert zu stärken, ihre alten und verstaubten Glaubenssätze zu erneuern und Fähigkeiten zu entwickeln, um auf Augenhöhe mit ihrem Nachwuchs umgehen zu können. Mit den eigenen und Patchwork-Kindern!

Wenn bereits das Elternpaar untereinander auf keinen vernünftigen Nenner kommt, wie soll es dann mit Kindern sinnvoll umgehen? Gute Führungskräfte in erfolgreichen Unternehmen bekommen dafür extra Training, Schulungen und Coaching. Mit der Art, wie manche Leute mit ihren Kindern umgehen, würden sie in einem Betrieb niemals eine Position mit Personalverantwortung bekommen. Furchtbar ist es auch, wenn Führungskräfte meinen, zuhause den oder die Chef*in raushängen lassen zu müssen und ihre Familie wie Angestellte behandelt.

Viel zu oft erlebe ich, dass ein Elternteil gewillt ist, die eigene innere Arbeit zu tun, um den Kindern ein gutes Vorbild zu sein und die Erziehungsfehler der Eltern nicht zu wiederholen, während der oder die Partner*in sich null um die eigenen emotionalen Defizite kümmert und völlig beratungsresistent ist. Wichtig ist in jedem Fall, sich erstmal selbst zu reflektieren und zu hinterfragen, ob der eigene Erziehungsstil wirklich der bessere ist. Manchmal sieht man den Wald vor lauter Bäumen nicht und der eigene Erziehungsstil fühlt sich so vertraut an, dass man glaubt, nur so wäre es „richtig".

Wenn du dich gut reflektiert hast, dich eventuell weitergebildet hast, was die Erziehung von Kindern betrifft, und nun denkst, dass du deine*n Partner*in nur noch dazu bringen musst, es dir gleichzutun, er oder sie das aber überhaupt nicht einsieht, kommt es zum Streit.

Willst du recht haben oder ein gutes Eltern-Team sein?

Unnötiger Streit entsteht immer dann, wenn du versuchst, dein Gegenüber davon zu überzeugen, dass deine Meinung, deine Denkweise und dein Verhalten richtig und seine oder ihre falsch sind. Daraufhin fängt dein Gegenüber an, sich zu verteidigen und versucht wiederum, dich dazu zu bewegen, endlich einzusehen, dass du falsch liegst. Der Mist funktioniert nicht!

Ich habe noch keinen Menschen erlebt, der dann gesagt hat: „Ja stimmt! Danke, dass du mich zurechtgewiesen hast! Was war ich nur für ein Idiot. Du hast natürlich recht!" Selbst wenn ich und 99 Prozent der Menschen dir recht geben würden – das haut nicht hin.

Wenn es nicht möglich ist, als Elternpaar gemeinsame Strategien zu erarbeiten, an einem Strang zu ziehen und als Team vor den Kindern aufzutreten, kannst du dein Gegenüber nur so akzeptieren, wie es ist. Nimm den Stress raus. Ändern wirst du die Person nicht.

Disclaimer: Wenn körperliche Gewalt, Alkoholismus, psychische Gewalt und Vernachlässigung im Spiel sind, musst du Grenzen setzen, deine Kinder schützen und wenn nötig die Beziehung verlassen. Hier geht es nicht um Akzeptanz! Du kannst zwar die andere Person nicht ändern, aber du kannst etwas tun, damit es nicht zu größeren Schäden bei deinen Kindern kommt.

Wenn es nicht ganz so schlimm ist, sondern dein*e Partner*in „nur" sehr streng, oft beleidigt oder beleidigend ist, extrem ängstlich und helikoptermäßig um eure Kinder kreist oder sonstiges unangemessenes Verhalten zeigt, kannst du je nach Alter deinen Kindern den Rücken stärken, ihnen vorleben, wie man Grenzen setzt und ihnen mitgeben, dass sie sich nicht alles gefallen lassen müssen. Wichtig ist die Botschaft, dass sie dennoch ihre Mama oder ihren Papa lieben können und das Verhalten nicht böse gemeint ist, sondern er oder sie von Oma und Opa ähnlich behandelt wurde und deshalb nicht anders kann.

Schön wäre natürlich, wenn du deine*n Partner*in so liebst, wie er oder sie ist, auch wenn er oder sie deiner Meinung nach kein guter Elternteil ist. Außerhalb der Matrix zu leben bedeutet zu akzeptieren, dass Menschen nicht perfekt sind und dass sie vor allem nicht so sind, wie wir das wollen!

Mir ist übrigens durchaus bewusst, dass viele Beziehungen und angeblich „heile" Familien nicht aus Liebe zusammen sind, sondern aus Pflichtbewusstsein, aus finanziellen Gründen oder aus Angst, was eine Trennung bedeuten würde. Auch das ist okay. Nur bitte erzähle dir dann selbst die Wahrheit, warum du dich entscheidest, in einer für dich unerfüllten Beziehung zu bleiben, anstatt deine*n Partner*in dafür zu beschuldigen. Dazu komme ich später noch im Abschnitt „Bis dass der Tod uns scheidet ... oder auch nicht – Trennung".

Wacken oder Echelon Festival? – Das Want Match

Nun schauen wir uns das Konzept „Want Match" genauer an. Ich habe es von meinem Coach Brooke Castillo von The Life Coach School (Castillo 2019) gelernt. Es besagt so viel wie: Wir wollen beide dasselbe. Want Match klingt halt cooler. Manchmal gibt die englische Sprache mehr her als die deutsche.

Wenn wir unsere Beziehungen so leben, dass wir uns gegenseitig den Freiraum lassen, Dinge wollen zu dürfen und auf andere keinen Bock haben zu dürfen, wird eine Beziehung freiwillig, entspannt und erfüllend. So viele Paare zerren stattdessen aneinander rum, um die andere Person dazu zu bringen, dasselbe zu wollen wie sie – aus Angst, sonst nicht zusammenzupassen oder weil sie glauben, dass eine Beziehung dafür da ist, sich gegenseitig alle Bedürfnisse zu erfüllen. Nein! Dafür ist eine Beziehung nicht da! Beziehungen sind dafür da, dass zwei Menschen, die sich lieben, gern Zeit miteinander verbringen. Nicht mehr und nicht weniger.

Die eigenen unerfüllten Bedürfnisse von anderen Menschen erfüllt haben zu wollen ist verständlich, aber es tut weder der Beziehung noch den anderen Menschen gut, wenn sie das nicht tun wollen. „Aber wofür hat man dann überhaupt eine Beziehung?", fragen dann viele. Um miteinander abzuhängen. „Aber das ist doch dann keine richtige Beziehung!" Doch, ist es.

Wenn beide Bock haben, sich gegenseitig Wünsche und Bedürfnisse zu erfüllen, ist das schön. Dann haben wir ein Want Match. Eine Person liebt AC/DC und die andere steht auf Guns n' Roses – ein Want Match! Beide mögen Metal und fühlen sich auf dem Wacken-Festival zuhause. Das Wacken Open Air in Schleswig-Holstein ist eins der größten Metal-Festivals der Welt.

Wenn aber eine Person auf Techno steht und Metal kaum ertragen kann, haben wir kein Want Match. Dann kann die Techno-Maus zwar nach Wacken mitkommen, wird sich aber eher fehl am Platze fühlen. Dasselbe trifft auf die Metal-Braut zu, die dem oder der Partner*in zuliebe auf ein Techno-Festival wie das Echelon mitkommt, dem größten Techno- und House-Festival in Bayern. Das kann man machen und aus Liebe ist das auch fein. Es ist aber kein Want Match und kostet die mitkommende Person viel Energie und Anstrengung.

Wenn eine Person alle zwei Tage vögeln will und die andere nur alle zwei Wochen oder alle zwei Monate, haben wir ein halbes Want Match. Beide wollen Sex, aber die Frequenz stimmt nicht überein. Will eine Person Kinder, im Ausland leben, die Mutter im Haus haben, eine Hollywood-Karriere anstreben und die andere Person hasst Kinder, liebt nur Deutschland, kann die Schwiegermutter auf den Tod nicht ausstehen und will auf keinen Fall in der Klatschpresse erscheinen – rate mal … Kein Want Match!

Ob ein Paar eine gemeinsame Zukunft haben kann, hängt davon ab, wie weit die Träume und Ziele auseinandergehen und ob es die Möglichkeit für Konsens gibt. Ich halte nicht viel von faulen Kompromissen, wo eine*r immer unzufrieden ist und sich über den Tisch gezogen fühlt.

Ich werde niemals nach Wacken fahren. Ich werde auch niemals nach Indien reisen, obwohl mein Mann das Land liebt. Er reist da ohne mich hin und hat deutlich mehr davon, wenn ich nicht dabei bin.

Klärt eure Want Matches und eure No-Gos. Sollten euch eure Zukunftspläne und Ziele unvereinbar erscheinen, möchtet ihr aber eure Beziehung behalten, holt euch externe Hilfe. Mit einer Paarberatung oder Mediation könnt ihr heikle Themen ohne Drama beleuchten und neue Sichtweisen und Lösungsmöglichkeiten entwickeln, die ihr allein vielleicht nicht findet. Und wenn es keinen Konsens und keine Lösung gibt, kann es sein, dass ihr euch trotz Liebe trennen müsst. Nicht jede Beziehung kann und muss gelebt werden. Auch dazu komme ich später im Abschnitt „Bis dass der Tod uns scheidet … oder auch nicht – Trennung“ noch.

Ich will mich weiterentwickeln, mein*e Partner*in nicht

Viele Frauen aus der Generation X fangen in ihren Vierzigern an, sich mit Persönlichkeitsentwicklung zu beschäftigen. Sie besuchen Seminare, folgen inspirierenden Accounts auf Instagram, hinterfragen die alten patriarchalen Strukturen, beginnen Grenzen zu setzen und verweigern sich ihren Partnern sexuell aus verschiedenen Gründen. Beispielsweise wollen sie nicht mehr um des lieben Friedens willen Sex haben, oder die Lust auf den Langzeitpartner ist zum Erliegen gekommen.

Jüngere Frauen tun das auch, aber sie tun es früher und selbstverständlicher als die Frauen aus meiner und älteren Generationen. Das liegt vermutlich daran, dass die Jüngeren mit dem Internet aufgewachsen sind, wir nicht.

Viele Männer aus meiner oder einer älteren Generation tun sich damit sehr schwer. Sie wollen doch einfach nur, dass der Laden läuft. Sie gehen zur Arbeit und bringen das Geld nach Hause, dafür wollen sie doch nur regelmäßig Sex, warmes Essen auf dem Tisch und ein harmonisches Eigenheim. Das Patriarchat ist doch super, warum sollte man jetzt plötzlich gendern, weniger Fleisch essen und Zigeunersoße umbenennen?

Okay, das ist jetzt extrem vereinfacht, pauschal und gemein, aber genauso erlebe ich es tatsächlich immer wieder im Coaching und auf Social Media. Häufig stellt es sich so oder so ähnlich dar, wenn sich eine Frau fremdverliebt hat und allein zur Beratung kommt, weil der Mann es für Geldverschwendung hält. Es passiert auch im umgekehrten Geschlechterfall – nur sehr viel seltener.

In aller Regel beklagt sich die Frau, dass sie sich weiterentwickelt hat und dies auch weiterhin tun möchte, es der Partner aber nicht versteht und sogar versucht, ihre Entwicklung zu unterbinden oder zu sabotieren. Kurz angeschnitten hatte ich das bereits im Abschnitt „Andere Arten von Betrug in Beziehungen“. Niemand muss sich weiterentwickeln – und niemand muss die Veränderungen des Partners oder der Partnerin gut finden oder unterstützen. Es wäre schön, aber dafür gibt es kein Gesetz und keine Garantie. Nur weil du dich selbst verändert hast und dir wichtig ist, deine Persönlichkeitsentwicklung voranzubringen, darf dein*e Partner*in dennoch so sein, wie er oder sie es möchte.

Beziehungen und Persönlichkeitsentwicklung

Bei den Langzeitmitgliedern im Membership-Bereich entwickeln sich einige der Partner*innen mit, ohne dass sie dies bewusst tun, je an einem Call teilgenommen haben oder es überhaupt bemerken. Dadurch, dass meine Kund*innen lernen, liebevoll Grenzen zu setzen, Eigenverantwortung zu übernehmen und sich mehr um den eigenen Zirkus zu kümmern, anstatt die Affen des oder der anderen dressieren zu wollen, verbessern sich ihre Beziehungen massiv. Und nicht nur die Liebesbeziehungen, sondern auch die zu den Kindern, zur Ursprungsfamilie und Personen am Arbeitsplatz. Persönlichkeitsentwicklung kann dir helfen, die Menschen in deinem Umfeld so anzunehmen, wie sie sind.

Persönliche Weiterentwicklung kann aber auch dafür sorgen, dass das bisherige Gefüge einer Partnerschaft völlig aus dem Gleichgewicht gerät und nicht mehr funktioniert. Eine Beziehung ist wie ein altes Uhrwerk, in welchem Zahnräder ineinandergreifen. Verändert sich ein Zahnrad, muss das andere sich mitverändern – oder das Uhrwerk verhakt sich und bricht.

Aus meiner Sicht ist es wenig sinnvoll und es funktioniert auch nicht, wieder zum alten Ich zurückzukehren. Wieder so zu werden, wie man früher mal war, angepasst und gefügig, weniger kratzbürstig und kompliziert – das mag ein netter Wunsch des Gegenübers sein, das Angst hat, nicht mehr mithalten zu können. Aber leben geht nur vorwärts und niemals rückwärts.

Insofern ist Persönlichkeitsentwicklung immer mit einem Risiko verbunden, dass die Menschen in deinem Umfeld nicht mitgehen und dein neues Ich blöd finden. Wenn du es magst, ist alles okay. Dann darfst du hinter dir stehen und dein Umfeld ziehen lassen – und wenn nötig auch deine*n Partner*in, der oder die nicht mehr zu dir passt. Auf den Vorwurf: „Du hast dich so verändert!“, kannst du antworten: „Ja, das war genau meine Absicht und auch verdammt teuer!“

KAPITEL 8

So pflegst du deinen Beziehungsgarten

Puh! Nun habe ich dir eine Menge Illusionen zerstört, hoffentlich die Hollywood- und Disney-Seuche ausgeräuchert, Mythen enttarnt und klargemacht, dass eine erfüllte Langzeitbeziehung kein Selbstläufer ist. Das alles mag ein wenig ernüchternd sein und dir den Spaß an einer Beziehung gründlich verderben. Das ist nicht meine Absicht! Ich möchte dir mitgeben, dass es völlig normal ist, dass es Stress in einer Beziehung geben kann, kleinere und größere Krisen, leichte und schwere Zeiten. Das bedeutet nicht, dass hier irgendwas falsch läuft oder die Beziehung nix taugt.

Es bedeutet auch nicht, dass eine*r von euch nicht gut genug ist oder alles falsch macht! Ihr seid menschliche Wesen und gebt euer Bestes. Anstatt deine Beziehung mit den perfektionierten Posts auf Instagram zu vergleichen, gehe davon aus, dass jede Beziehung gute und schlechte Zeiten hat. Und das ist okay!

In den über zwölf Jahren meiner Arbeit als Liebes-Coach und Affärenmangerin habe ich gelernt, dass die unrealistischen und überzogenen Erwartungen an eine Beziehung und an die Menschen in unserem Umfeld die Wurzel allen Übels sind. Ich habe unzählige Male erlebt, dass jemand den oder die Partner*in gewechselt hat, um dann nach einer Weile festzustellen, dass sich derselbe Mist wiederholt wie in der vorherigen Beziehung. Wenn du Lust hast, deine Beziehung auf ein neues Level zu heben und bereit bist, Arbeit zu investieren, dann bekommst du jetzt die Tools und Tipps, die du dafür brauchst.

Doch Achtung: Bitte verlass dich nicht nur auf ein verändertes Verhalten. Glaub nicht, dass alles gut wird, wenn ihr zweimal pro Woche eine Date-Night habt. Bei dieser Art von Arbeit geht es in die Tiefen deines Gehirns und deiner Emotionen – und erst aus einer veränderten inneren Haltung entsteht automatisch ein neues Verhalten. Wir nehmen uns die Zeit, neue Gleise in deinem Kopf zu verlegen und deinen Zug umzulenken. Auf Dauer ist das für dich viel weniger anstrengend, als dich nur zu zwingen, netter zu deinem oder deiner Partner*in zu sein und weniger zu meckern. Ohne die dazugehörigen Gedanken wirst du es nicht lange durchhalten. Es ist wie mit einer Diät: Du kannst auf dein Lieblingsessen, auf Alkohol und auf Süßigkeiten verzichten und mehr Sport machen. Aber wenn du nicht die Denkweise einer schlanken Person installierst, wirst du nach drei Wochen genervt aufgeben. Glaub mir, das habe ich in meinem Leben bereits mehr als einmal probiert.

Kein Bock auf Arbeit an der Beziehung? Dann ist das Gras woanders eben grüner …

Dass eine Beziehung Arbeit bedeutet, hat mittlerweile jeder irgendwann mal gehört oder gelesen. Das ist jetzt keine neue Information. Und doch tun so viele Paare die Arbeit nicht. Warum nicht?

Wie du in den vorherigen Kapiteln mitbekommen hast, hat das damit zu tun, dass das Gehirn faul ist und Energie sparen will. Im Sinne von:

Hast du dein*e Partner*in erstmal im Sack, kannst du dich entspannt zurücklehnen und die Liebe genießen.

Wir haben gelernt, dass Liebe einfach da ist oder eben nicht, und dass man dafür nichts tun muss – und auch gar nicht kann. Doch das stimmt nicht. Sich zu verlieben passiert einfach – eine langfristige Liebe braucht hingegen Engagement. Auch ein Buch ist nicht einfach so fertig. Wir müssen es schreiben, mehrfach umschreiben und lektorieren lassen.

Arbeit ist jedoch etwas, was in unserer Gesellschaft eher negativ bewertet wird. Schließlich wollen wir in der Freizeit entspannen und chillen, nicht noch mehr arbeiten! Außerdem glauben viele, dass der oder die Partner*in dafür verantwortlich ist, die Beziehung zu verbessern. Das ist ein weiterer Grund dafür, dass an Beziehungen wenig gearbeitet wird. Dann werden zum Beispiel solche Argumente aufgeführt:

- Wenn du dich ändern würdest, wäre alles fein.
- Ich hab ja Lust auf Sex, also stimmt mit dir was nicht.
- Du musst halt mehr machen, mich überraschen, verführen …
- Du hast dich verändert, so hätte ich dich nicht geheiratet.

Und viele glauben nicht, dass es überhaupt möglich ist, eine erfüllte, lustige, lebendige und leidenschaftliche Langzeitbeziehung zu leben. Sie glauben nicht, dass sie Liebe wirklich verdient haben (Stichwort Selbstwert) und geben auf, sobald die Schmetterlinge ausgeflogen sind.

Wenn du wirklich daran glaubst, dass du genau die Partnerschaft leben kannst, die du dir wünschst, wirst du bereit sein, den Aufwand zu betreiben, den es dafür braucht. Aber keine Sorge, das ist eine Arbeit, die zwar manchmal hart ist, aber sehr oft sogar Spaß macht.

Kennst du das befriedigende Gefühl, wenn du wirklich etwas geschafft hast und ein Stück vorwärtsgekommen bist? Kennst du das befriedigende Gefühl, auf dem Gipfel eines Berges zu stehen und zu wissen, dass dich deine Beine raufgetragen haben und nicht die Seilbahn? Dann weißt du: Es geht nicht nur um die Aussicht! Es geht darum, stolz auf sich zu sein! Genau da will ich mit dir hin.

Die Beziehung als Garten

Ich habe dir schon ein paar Vergleiche vorgestellt, gedankliche Bilder, mit denen du dir psychologische Prozesse und Funktionsweisen menschlicher Beziehungen besser vorstellen kannst. In diesem Kapitel stelle ich dir noch ein weiteres starkes Bild vor, das zumindest für mich und für meine Kund*innen sehr gut funktioniert.

Eine Beziehung kannst du dir wie einen Garten vorstellen. Wenn beide Partner*innen eine klare Vision vor Augen haben und dann zusammen helfen, gute Erde bereitzustellen, Unkraut zu jäten, zu düngen, pflanzen, Ungeziefer zu entfernen und zu gießen, dann wird das ein wunderschöner Garten.

Natürlich könnt ihr den Garten vor sich hin wuchern und sich selbst überlassen. Es hängt von deinem und eurem Ziel ab. Willst du einen schönen Garten nach deinen Vorstellungen anlegen, darfst du etwas dafür tun.

Und noch ein Gedanke: Wenn du glaubst, dass der Garten der Nachbarn schöner ist und du einfach nur dort einziehen musst, bist du einer Illusion auf den Leim gegangen. Das Gras ist woanders so lange grüner und der Garten schöner, bis die Verliebtheitsphase zu Ende ist, bis du aus der Matrix rausgeflogen bist und gecheckt hast, dass deine ach so tolle Affäre auch nur ein ganz normaler Mensch ist.

Wenn du deinen Garten nicht gepflegt hast und er voller Unkraut, verdorrt und scheußlich ist, ergibt es keinen Sinn umzuziehen. Es sei denn, du machst gute Gartenarbeit, wässerst und düngst, aber es gedeiht einfach nichts. Dann kannst du an einem anderen Ort möglicherweise einen schönen Garten anlegen, der zu deinen Wünschen passt. Daher überlege dir gut, wohin du deine Energie und dein Engagement stecken willst. Schau dir den neuen Garten ohne rosa Brille an und triff nur dann eine Entscheidung, wenn die Gehirnvergiftung nicht zu stark ist.

Wenn du deine aktuelle Partnerschaft erhalten willst, aber allein bist mit der Gartenarbeit, hast du mehr zu tun als mit der Hilfe des oder

der anderen. Trotzdem ist dann nicht Hopfen und Malz verloren. Du kannst auch allein eine Menge tun.

Allerdings wäre es absurd zu denken, dass man einmal Gartenarbeit macht – also zu einem Termin bei der Paarberatung geht oder ein Gespräch über Wünsche führt – und dann wächst alles wie gewünscht von selbst weiter. So wie du Gartenarbeit jeden Tag tun darfst, darfst du auch Beziehungsarbeit täglich tun, zumindest wenn du möchtest, dass deine Beziehung gedeiht und blüht und das Gras nicht woanders grüner ist.

Was heißt das konkret?

Fruchtbare Erde bereitstellen – Vergangenheit, Traumata und Bindungstyp

Worauf pflanzt du deine Beziehung? Auf deinem Bindungstyp und gelernten Verhaltensmustern deiner Kindheit. Schau dir die Beziehung deiner Eltern genauer an, löse Traumata und informiere dich über Bindungstheorie.[14]

Es gibt vier verschiedene Bindungstypen:

1. sichere Bindung
2. unsicher vermeidende Bindung
3. unsicher ambivalente Bindung
4. unsicher desorganisierte (chaotische) Bindung

Wenn du einen unsicheren Bindungsstil gelernt hast, wirst du eher dazu neigen, Menschen mit einem ebenfalls unsicheren Bindungsstil attraktiv zu finden und dich mit ihnen zusammentun. Wenn dich das betrifft, kannst du mit einer Therapie und/oder Coaching an deinem Bindungsmuster arbeiten.

Das Kriegstrauma meines Großvaters habe ich kurz erwähnt. Das war keine fruchtbare Erde, um eine gute Beziehung zu pflanzen. Doch es muss nicht einmal so dramatisch sein. Alltags-Traumata aus der

Schulzeit oder durch eine unerfüllte, schmerzhafte Liebe können dir dein Liebesglück ebenfalls verderben.

David Schnarch (2006) beschreibt es so: Babys kommen frei und voller Freude auf diese Welt und erleben im Laufe ihrer Kindheit und Jugend viele Enttäuschungen und Verletzungen. Als Teenager und junge Erwachsene humpeln sie dann mit ihren Verletzungen durchs Leben. Sie verlieben sich irgendwann in eine ebenfalls humpelnde Person und haben gewissermaßen eine Krücke gefunden, an der sie sich festhalten können. Gemeinsam humpeln sie weiter und glauben, sie wären nun glücklich bis ans Ende ihrer Tage. Sie sind es aber nur so lange, bis eine*r woanders hin humpelt, fremdgeht oder sich trennt. Dann haut es die andere Person auf die Fresse.

Anstatt sich nun ein „zweites Bein" wachsen zu lassen, etwa in Form von Therapie, Persönlichkeitsentwicklung oder Coaching, suchen sich diese Menschen schnellstmöglich die nächste Krücken-Beziehung, um sich wieder irgendwo festhalten zu können.

Kümmere dich deshalb darum, auf beiden Beinen im Leben zu stehen, anstatt von einer Krücke zur nächsten zu humpeln. Je gesünder deine Psyche und je aufgeräumter deine Vergangenheit ist, desto besser sind die Voraussetzungen für eine stabile und liebevolle Langzeitbeziehung. Je besser du dich selbst kennst, desto klarer wird dir, mit wem du eine Beziehung führen willst und mit wem nicht!

Wofür einen Garten? – Dein Warum

Warum haben Menschen einen Garten? Sie möchten gern draußen sitzen, sich an einem schönen Anblick erfreuen und etwas für Entspannung und Gesundheit tun. Aber vielleicht möchten sie auch anderen zeigen, wie schön der eigene Garten ist, wie viel Geld sie haben, oder wie in der TV-Serie Desperate Housewives einen feschen Gärtner einstellen können.

Warum gehen Menschen Beziehungen ein?

- Biologie und Fortpflanzungstrieb
- Nachahmung und gesellschaftliche Erwartungen
- der Wunsch, bestimmte Gefühle zu fühlen und andere zu vermeiden
- etwas haben wollen (Sex, Körperkontakt, Begleitung, Gesellschaft …)
- etwas geben wollen (Liebe, Zuneigung, Zärtlichkeit …)
- anderen zeigen, dass man gewollt und gebunden ist

Warum genau bist du in dieser Beziehung mit dieser Person? Schreib in deinem Notizbuch alle Gründe auf, die dir einfallen, und teile sie in drei verschiedene Kategorien ein:

1. selbstlose Gründe (Liebe, etwas geben wollen, den oder die Partner*in unterstützen, eine Familie gründen und Kinder großziehen …)
2. praktische Gründe (Miete teilen, Arbeitsaufwand teilen, Kinder gemeinsam betreuen …)
3. egoistische Gründe (etwas haben wollen, Angst vor Einsamkeit, keinen Bock auf Tinder & Co., finanzielle Vorzüge ausnutzen, die der oder die Partner*in ermöglicht …)

Alle Gründe sind völlig okay. Diese Übung habe ich mit den Mitgliedern im Liebe Leben Premium-Membership-Bereich gemacht und alle waren erleichtert darüber, dass egoistische und praktische Motive genauso okay sind wie selbstlose. Je mehr Gründe für deine Beziehung mit genau diesem Menschen sprechen, desto eher bist du bereit, Krisen zu überwinden und die schlechten Zeiten durchzuhalten.

Wie soll dein Beziehungsgarten aussehen? – Beziehungsziele

Dass halbwegs übereinstimmende Lebensziele wichtig für die Beziehung sind, hatten wir bereits im Abschnitt „Kinder ja, nein, vielleicht – unterschiedliche Ziele und Zukunftspläne". Hier geht es jetzt konkreter um Beziehungsziele. Sobald du weißt, warum du deinen Garten hast, darfst du dir überlegen, wie er aussehen soll. Welche Pflanzen möchtest du einsetzen? Wo Steine verlegen? Gibt es einen Teich oder einen Brunnen? Anders gesagt: Was sind deine Visionen und Ziele für deine Partnerschaft?

Äußere Beziehungsziele:

- zusammenziehen
- heiraten
- Kinder kriegen
- Karriere machen
- einen Hund, eine Katze oder einen Hamster anschaffen
- eine Wohnung einrichten
- ein Haus kaufen oder bauen
- den Garten gestalten
- Urlaub/Reisen planen
- Freizeitgestaltung
- Freund*innen treffen/einladen
- Tantra-Seminar/Swingerclub besuchen

Innere Beziehungsziele:

- die Beziehung lebendig halten
- ein erfülltes Sexleben gestalten
- Offenheit üben
- unangenehme Gespräche führen
- neugierig aufeinander sein

- Eigenverantwortung übernehmen
- emotionale Selbstregulierung
- Nähe/Distanz ausbalancieren
- Wertschätzung zeigen
- Begeisterung leben

Ziele sind wichtig, um zu wissen, wofür du die Arbeit tust und wo du hinwillst. Ganz einfach: Wenn du kein Ziel ins Navi eingibst, weiß es nicht, wie es dich leiten soll.
Es gibt nur zwei Dinge, die wir uns von einem Ziel versprechen, egal um welches Ziel es sich handelt.

1. Wir wollen ein Ziel erreichen, weil wir glauben, dass wir uns dann auf eine bestimmte Art und Weise fühlen werden.
2. Wir wollen ein Ziel erreichen, weil wir ein bestimmtes Gefühl loswerden oder vermeiden möchten.

Das erste ist ein Hin-zu-Ziel, das zweite ein Von-weg-Ziel. Die meisten Menschen wissen ganz gut, was sie nicht mehr wollen, haben aber keine Ahnung, was sie sich stattdessen wünschen. Um mal wieder einen Vergleich zu geben: Das Hin-zu-Ziel ist wie der Frontantrieb eines Autos, das Von-weg-Ziel der Heckantrieb. Wenn du beides hast, fährst du ein Allrad-Fahrzeug.

Ich habe Paare begleitet, die waren finanziell völlig frei, hatten große Autos und wunderschöne Häuser (mit schönen Gärten), standen aber irgendwann vor dem Scherbenhaufen ihrer Partnerschaft, weil sie versäumt hatten, die inneren Beziehungsziele zu verfolgen. Deshalb: Bleibe nicht an der Oberfläche und im Außen hängen! Das ist schön, aber nur die halbe Miete.

Unkraut zupfen und Ungeziefer entfernen – Konflikte lösen oder akzeptieren

Selbst wenn du die beste und fruchtbarste Erde für deinen Garten hast, ein starkes Warum und großartige Visionen: Unkraut wird wachsen und Ungeziefer wird deine Pflanzen fressen.

Hier darfst du wachsam sein und Konflikte nicht unter den Teppich kehren, wo sie subtil brodeln, sondern sie auf den Tisch legen und dich darum kümmern. Dafür darfst du dir erstmal klarmachen, welche Konflikte in deiner Beziehung lösbar sind und welche nicht.

Laut Forschungsergebnissen des US-amerikanischen Psychologen und Eheforschers John Gottman sind 69 Prozent aller Konflikte in Beziehungen nicht lösbar (Gottman 2004). Das Tolle daran ist, dass du dich daran nicht mehr abarbeiten musst. Hier ist Akzeptanz die beste Idee.

Ein unlösbarer Konflikt in meiner Ehe ist, wie oft wir Sex haben. Mein Mann möchte gern mehr, ich nicht. Das ist der Preis, den es uns kostet, dass wir zusammen sind und die meiste Zeit unserer Beziehung monogam(isch) leben. Zur Erinnerung, monogamisch bedeutet nach Savage je nach Lebenslage so monogam wie möglich zu leben, ohne dass Untreue das Ende für die Beziehung bedeutet.

Neben einem unterschiedlichen Bedürfnis nach Sex kann es bei euch auch andere Themen geben, bei denen ihr euch nicht einig werdet. Klassiker sind:

- Wie oft sollte man die Schwiegereltern besuchen?
- Wie oft wollen wir aufräumen und putzen?
- Wofür ist es sinnvoll Geld auszugeben?
- Wie erziehen wir die Kinder?
- Was ist gesunde Ernährung und wer kümmert sich darum?
- Was unternehmen wir in der Freizeit?
- Wie viel Arbeit ist okay? Wie wichtig ist die Karriere?
- Ist es ok, getrennt zu verreisen?

Achtung: Recht haben wollen und die Weisheit gepachtet zu haben, verhärtet jeden Konflikt. Viele Paare kämpfen zu emotional, wobei das oberflächliche Thema in den Hintergrund rutscht und es um tiefere Dinge geht, zum Beispiel um Macht, Gleichberechtigung, Anerkennung und Wertschätzung. Wenn ihr ständig über Kleinigkeiten streitet, liegt ganz sicher ein anderes Thema darunter. Hier hilft die Frage: „Worum geht es hier gerade wirklich?"

Du kannst jeden Konflikt im Nachhinein analysieren und schauen, wo eure Problemstellen sind. Dafür ist das Selbstcoaching-Modell hilfreich, welches ich dir jetzt ausführlich vorstellen werde.

Schaffe Ordnung in deinem Garten! – Das Selbstcoaching-Modell

Mit dem Modell, das ich dir nun vorstelle, räumst du deinen mentalen Müll auf und machst Ordnung in der Gehirnbude. Um im Thema zu bleiben: Du machst Ordnung in deinem Beziehungsgarten. Natürlich machst du das nicht einmal und gut, sondern du putzt und kehrst regelmäßig!

Das Selbstcoaching-Modell ist der Dreh- und Angelpunkt meiner Arbeit. Varianten des Modells gibt es bereits von den alten Griechen. In der Tiefe habe ich es von meinem Coach Brooke Castillo gelernt. Mir hilft es täglich in meinem eigenen Leben und bei der Arbeit mit meinen Kund*innen und Mitgliedern im Membership-Bereich.

Das Selbstcoaching-Modell erklärt wunderbar, warum sich Menschen so verhalten, wie sie es tun, wie sich Gedanken auf Gefühle auswirken, unser Verhalten steuern und so die Ergebnisse in unserem Leben erzeugen. Mit dem Modell kannst du alle Themen und Probleme deines Lebens abbilden und Erkenntnisse und Lösungen erarbeiten.

Das Modell sieht so aus:

Umstände ↓	Fakten, konkret, ohne Interpretation, keine Adjektive
Gedanken ↓	Ein Satz über den Umstand
Gefühle ↓	Ein Wort
Handlungen ↓	Was tust du, wenn du dich so fühlst? Was tust du nicht?
Resultate	Das Ergebnis aus der Handlung

Umstände

Die Umstände sind das, was außerhalb von dir passiert. Dein*e Partner*in, deine Kinder, die Schwiegermutter, Politik und Weltgeschehen, Handlungen und Worte anderer Menschen, die Zahl auf der Waage oder dem Konto … Es sind Tatsachen, Zahlen, Daten und Fakten, die jeder Mensch anerkennen würde.

Zusätzlich zu diesen Fakten kommt deine Vergangenheit hinzu. Viele deiner Umstände kannst du ändern, etwa die Zahl auf der Waage oder dem Konto, andere aber nicht – deine Vergangenheit beispielsweise und was andere Menschen tun.

Wenn du das Modell anwendest, achte darauf, keine Adjektive oder schwammigen Beschreibungen als Umstand aufzuschreiben. Halte dich an die neutralen, nackten Fakten.

Gedanken

Erst wenn deine Gedanken ins Spiel kommen, gibt dein Gehirn den Umständen eine bestimmte Bedeutung und Bewertung. Gedanken sind Sätze in deinem Kopf und du erkennst den Unterschied zu Umständen, wenn Adjektive und Meinungen enthalten sind.

Gedanken sind nur Gedanken und keine Tatsachen. Selbst wenn hundert Menschen dasselbe denken, bleiben es Gedanken, sie werden nicht zu einem Fakt, beispielsweise der Gedanke „Fremdgehen ist scheiße". Auch wenn das die meisten denken, ist es keine Tatsache.

Menschliche Gehirne denken eine Menge Gedanken jeden Tag. Diese Gedanken sind geprägt durch das Elternhaus, die Kultur, in der wir leben, gesellschaftliche Regeln und Normen und das berufliche wie das private Umfeld. Das, was du als richtig oder falsch bewertest, kann eine andere Person völlig anders sehen.

Jeder Gedanke, den du denkst, erzeugt ein bestimmtes Gefühl. Das heißt, dass zwischen einem Umstand – nehmen wir als Beispiel das Verhalten deines oder deiner Partner*in – und deinem Gefühl dein Gedanke steht. Es sind also nicht die Umstände, die deine Gefühle erzeugen, sondern deine Gedanken!

Im Modell verwendest du für die Gedanken einen Satz.

Gefühle

Gefühle sind Schwingungen im Körper. Nicht mehr und nicht weniger.

Niemand hat gelernt, wie man fühlt. Dadurch, dass unser Gehirn um jeden Preis Schmerz vermeiden will, versuchen wir unsere negativen Emotionen entweder zu vermeiden, zu unterdrücken oder sie mit Essen, Alkohol oder Drogen zu betäuben.

Meine Kund*innen haben so große Angst davor verletzt zu werden, dass sie sich mühevoll daran abarbeiten, ihre Partner*innen zu überwachen und zu kontrollieren. Sie glauben wie die meisten Menschen, dass ihre Gefühle durch das Verhalten des Partners entstehen. Tun sie aber nicht.

Niemand springt in deinen Körper und verursacht die Schwingungen. Deine Gedanken sind dafür verantwortlich. Immer! Das ist eine gute Nachricht, denn es bedeutet, dass du selbst bestimmen kannst, was du denkst – und damit auch, was du fühlst.

Das bedeutet nicht, dass du dich permanent gut fühlen wirst. Leben ist fifty-fifty, die negativen Emotionen gehören dazu. Aber du kannst dir darüber bewusst sein, dass du entscheidest, wie du dich fühlst und nicht hilflos allem ausgeliefert bist, was um dich herum passiert. Je besser du darin bist, die Verantwortung für deine Emotionen zu übernehmen und alle Gefühle zu fühlen, desto weniger Angst musst du vor ihnen haben und desto mutiger und selbstbestimmter kannst du dein Leben gestalten.

Wenn du das Modell anwendest, verwendest du für deine Gefühle ein Wort. Damit spezifizierst du, wie du dich genau fühlst. Es kann sein, dass du ein bisschen üben darfst, um den Zugang zu deinen Gefühlen zu finden.

Handlungen und Unterlassungen

Deine Gefühle treiben deine Handlungen und auch deine Nicht-Handlungen an. Was auch immer du tust oder nicht tust, hängt davon ab, wie du dich fühlst. Mut treibt dich zu anderen Handlungen als Angst. Wenn du dich nicht entscheiden kannst oder vermeidest, zu deiner Meinung zu stehen oder Grenzen zu setzen, hat das sicher mit Angst zu tun.

Um dieses Buch zu schreiben, haben mir zum Beispiel die Gefühle Entschlossenheit und Disziplin geholfen. Es fühlte sich nicht nach purem Spaß an, auch wenn es mir manchmal sogar ein bisschen Spaß macht.

Jeden Tag setze ich mich hin und arbeite mit dem Selbstcoaching-Modell. Dazu nutze ich ein Muster wie in der Abbildung und fülle die fünf einzelnen Punkte aus, um mir bewusst zu machen, was ich denken und fühlen muss, um die Handlungen zu tun, die mir helfen, meine Ziele zu erreichen. Brooke Castillo nennt das in ihrem Coaching „to do some models" – also ein paar Modelle machen.

Wenn ich prokrastiniere und mich vor unliebsamen Aufgaben drücke, weiß ich, dass das passiert, weil mir Gefühle von Unlust in die Quere kommen. Warum habe ich keine Lust? Weil ich denke, dass es nicht gut genug wird, dass es sowieso keinen Sinn hat, dass ich lieber in der Sonne sitzen sollte, usw. Ich denke, du kennst das.

Wenn du mit dem Modell übst, schreib so viele Handlungen und Unterlassungen auf, wie dir einfallen. Damit zeigst du dir selbst, was genau du tust, wenn du ein bestimmtes Gefühl hast. Achte darauf, dass jeder Gedanke ein anderes Gefühl und unterschiedliche Handlungen zur Folge hat. Wenn du Angst hast, wirst du nicht mutig nach Lösungen suchen. Mut ist ein anderes Gefühl als Angst und es gehört zu einem anderen Gedanken. Arbeite hier sauber einen Gedanken nach dem anderen aus.

Resultate

Am Ende der Kette steht das Ergebnis. Was immer du denkst, fühlst und tust (oder unterlässt), erzeugt am Ende ein Resultat. Wenn du die Resultate in deinem Leben und in deiner Beziehung nicht magst, kannst du dir mit dem Modell herleiten, wie genau du das gemacht hast. Anstatt dem Universum, der Politik oder deinem oder deiner Partner*in die Schuld für die Ergebnisse in deinem Leben zu geben, ist es viel hilfreicher zu wissen, dass alles auf deinem eigenen Mist gewachsen ist. Denn dort kannst du auch alles ändern! Anstatt an Symptomen rumzudoktern, siehst du anhand deiner „Modelle", was die Ursache deiner Probleme ist (Spoiler: Es sind immer deine Gedanken!) und wie du zu einer Lösung kommst.

Die Komponenten des Selbstcoaching-Modells nochmal kurz zusammengefasst:

- Ein Umstand ist eine neutrale Tatsache.
- Ein Gedanke ist ein Satz in deinem Kopf über einen Umstand.
- Ein Gefühl ist eine Schwingung in deinem Körper, die durch einen Gedanken verursacht wird.
- Eine Handlung ist das, wozu dich dein Gefühl antreibt.
- Das Resultat ist die Folge deiner Handlungen.

Ein Beispiel aus der Praxis

Hier bekommst du ein Beispiel, wie du mit dem Selbstcoaching-Modell arbeiten kannst. Nutze es auch gerne, um eurer Kommunikation auf die Spur zu kommen. Du kannst das Modell für dich und für deine*n Partner*in anwenden – am besten im Dialog, aber es geht auch allein.

Folgende Situation: Ein Paar verbringt einen schönen Tag gemeinsam im Campingurlaub. Am Abend legt sich der Mann ins Bett und schläft ein, während seine Frau noch im Bad war. Als sie rauskommt, ist sie enttäuscht, weil er ihr nicht mehr gute Nacht gesagt hat.

Modell der Frau:

- Umstand: Er hat gestern Abend nicht mehr gute Nacht gesagt und ist direkt ins Bett gegangen.
- Gedanke: Er weiß, wie wichtig es mir ist, dass wir uns vor dem Schlafen gute Nacht sagen und küssen und er macht es nicht. Ich bin ihm nicht wichtig.
- Gefühl: Enttäuschung
- Handlung: Sie kann nicht gut einschlafen und die Gedanken fahren Karussell. Am nächsten Morgen macht sie ihm Vorwürfe und distanziert sich von ihm.
- Resultat: Er fühlt sich angegriffen, rechtfertigt und verteidigt sich und geht auch auf Distanz. Dadurch fühlt sie sich noch weniger wichtig.

Modell des Mannes (am nächsten Morgen):

- Umstand: Er ist ins Bett gegangen, während sie noch im Bad war, und ist eingeschlafen. Am nächsten Morgen sagt sie, dass sie deshalb sehr enttäuscht ist.
- Gedanken: Mir war kalt und sie war so lange im Bad. Da hab ich mich schonmal ins Bett gekuschelt und bin direkt eingeschlafen. Warum muss unsere Beziehung immer so kompliziert sein? Sie ist so kompliziert!
- Gefühl: Genervtheit
- Handlung: Er rechtfertigt sich und macht ihr Vorwürfe, weil sie so kompliziert ist. Er baut mit seiner Körperhaltung Distanz auf.
- Resultat: Da sie sich nicht verstanden und noch unwichtiger fühlt, beleidigt ist und sich zurückzieht, sieht er sich selbst bestätigt, dass ihre Beziehung kompliziert ist.

Wenn das Paar eine gute und offene Kommunikation trainiert hat, dann können beide über ihre Erwartungen und Gedanken sprechen. Er kann Verständnis für sie zeigen, ihr erklären, dass er müde und ihm kalt war, dass es keine böse Absicht oder Nachlässigkeit war und sich entschuldigen. Sie kann ihm zuhören, es verstehen und die Entschuldigung annehmen.

Beide können einen Wunsch äußern, beispielsweise sich immer gute Nacht zu sagen, und/oder solche Rituale entspannt und unkompliziert zu handhaben, wenn es mal nicht klappen sollte.

Wenn sie hingegen nicht offen und ehrlich darüber reden können, schieben beide ihre Verletzung und Enttäuschung weg, reden nie wieder darüber und bauen über viele kleine Situationen, die ähnlich sind, einen unterschwelligen Groll und mehr Distanz auf.

Beide können aber auch in ihrem eigenen Modell etwas ändern und sich selbst reflektieren. So könnte die Frau ihr Modell durchgehen, wenn sie ohnehin nicht schlafen kann. Sobald sie das erste Modell mit den automatischen Gedanken verstanden hat, kann sie überlegen, ob diese Gedanken wirklich die Wahrheit sind oder welche anderen Gedanken möglicherweise auch stimmen könnten, zum Beispiel diese:

- Er war sehr müde und ist einfach eingeschlafen. Das hatte nichts mit mir zu tun.
- Ich weiß, wie wichtig ich ihm bin. Wenn er das einmal verpasst, muss ich kein großes Drama draus machen.
- Da hat er einen empfindlichen Teil von mir erwischt, weil ich mich schon in früheren Beziehungen vernachlässigt gefühlt habe. Ich bin enttäuscht, aber es ist nicht seine Schuld.

Um diese Gedanken zu finden, hilft die Frage: Wie würde mein erwachsenes, entspanntes Ich (anstatt des verletzten Kindes) über die Situation denken?

Wichtig: Wenn du mit dem Modell arbeitest, müssen die neuen Gedanken glaubhaft sein. Wenn du dir selbst was vormachst und dich belügst, wirst du dich mehr in die negative Emotion hineinsteigern und gewinnst gar nichts. Dein System merkt, wenn du dich veräppelst.

Aus diesen neuen und bewusst gewählten Gedanken heraus wird sich die Frau aus dem Beispiel anders fühlen und dadurch anders handeln. Sie bleibt zugewandt und offen auch für die Bedürfnisse des Mannes und die Beziehung wird durch ihre Selbstreflexion gestärkt und vertieft. Sogar dann, wenn sie nicht mit ihm darüber spricht – wobei das die beste Wahl wäre.

Allen Gedanken liegen innere Überzeugungen zugrunde. Wenn sich die Frau generell nicht wertvoll, wichtig und geliebt fühlt, wird sie ihrem Partner eher unterstellen, sie aus Böswilligkeit oder Nachlässigkeit zu enttäuschen. Daher ist es wichtig, die eigenen Gedanken zu analysieren und zu überlegen, woher sie eigentlich kommen.

Er kann ebenfalls seine Gedanken hinterfragen und überlegen, wie er ihre Vorwürfe bewerten könnte, ohne sich persönlich angegriffen zu fühlen, zum Beispiel so:

- Ich weiß, wie wichtig ihr das ist und verstehe ihre Enttäuschung.
- Ich hätte auch ins Bad gehen, ihr einen Kuss geben und Bescheid sagen können, dass mir kalt ist und ich schon ins Bett gehe. Sie kann ja keine Gedanken lesen.

- Ihr ist unsere Verbindung sehr wichtig und ich finde es toll, dass sie auf diesen kleinen Rituale besteht.

An so einem relativ simplen Beispiel kannst du sehen, wie die inneren Vorgänge der Partner*innen eine Beziehung steuern. Je reflektierter und entspannter beide sind, weil sie ihre alten Verletzungen aus der Kindheit schon aufgearbeitet haben, desto besser läuft die Beziehung.

Tipps zum Üben mit dem Selbstcoaching-Modell

Wenn du das Selbstcoaching-Modell in deinem Leben anwendest, sind hier ein paar Tipps, die dir dabei helfen:

1. Mach die Umstände so klar und genau wie möglich. Kein Wischiwaschi! Worum geht es hier gerade wirklich? Was genau hat dein*e Partner*in gesagt oder getan – und was nicht? Was sind die Fakten?
2. Umstände sind weder gut noch schlecht, weder lustig noch traurig. Sie sind neutral. Wenn du einen Umstand als traurig empfindest, dann deshalb, weil du einen bestimmten Gedanken denkst.
3. Selbst der Tod ist ein neutraler Umstand. In anderen Kulturen werden Begräbnisse als bunte, ausgelassene Feste gefeiert, weil die Person, die gestorben ist, einen wichtigen Übergang durchmacht. Das ist auch nur ein Gedanke, aber so wird es vielleicht klarer, dass Sterben nicht bei allen Menschen dieselben Gefühle hervorruft.
4. Deine Gedanken sind optional, egal ob du sie bewusst oder unbewusst denkst. Du hast die Wahl.
5. Eine Entscheidung zu treffen ist eine Handlung. Freundlich zu jemandem zu sein ist eine Handlung.
6. Etwas nicht zu tun ist eine Handlung.
7. Du kannst das Modell für *jedes* Problem in deinem Leben anwenden. Es gibt keine Ausnahmen.
8. Deine Ergebnisse in deinem Leben sind die Ergebnisse deiner Gedanken – nicht deiner Umstände!

9. Du kannst deine Umstände bewerten wie immer du möchtest.
10. Deine Vergangenheit existiert nur in deinem Kopf. Du kannst entscheiden, welche Geschichten du dir über deine Vergangenheit erzählst.
11. Sobald du darauf achtest, was du denkst, kann es sein, dass es dir nicht gefällt und du schnellstens deine Gedanken ändern willst. Lass dir Zeit, schau dir in Ruhe und mitfühlend an, was dein Gehirn da treibt. Bewusstheit ist der erste wichtige Schritt in Richtung Veränderung.
12. Wenn Menschen deine Gefühle verletzen, liegt es daran, dass deine Erwartung über ihr Verhalten nicht erfüllt wurde. Die Handlungen anderer sind ein Umstand. Wie du dich deswegen fühlst, liegt an deinen Gedanken!

Das Selbstcoaching-Modell zu verstehen ist erst der Anfang. Spannend wird es, wenn du es regelmäßig anwendest und trainierst, weil du erst dann spürst, wie du Aspekte deines Lebens verändern kannst und merkst, wie machtvoll du bist.

Anstatt mühevoll und oft aussichtslos die Umstände zu verändern und das Verhalten anderer Menschen kontrollieren zu wollen, veränderst du einfach (hahaaaa, kleiner Scherz) deine Reaktion darauf. Du erkennst, welche Gedanken dir im Weg stehen und kannst anfangen, deine Glaubenssätze und Denkmuster zu verändern, so dass sie dir die Ergebnisse in deinem Leben schaffen, die du haben willst!

Nein, einfach ist es nicht, aber absolut lohnenswert.

Samen säen, der wirklich aufgeht und blüht! – Die drei Gedanken-Ebenen

Nun hast du gelernt, dass deine Gedanken am Ende dafür verantwortlich sind, wie dein Leben und deine Beziehung aussehen. Jetzt schauen wir uns etwas genauer an, welche Gedanken-Ebenen für eine lebendige und erfüllende Beziehung wichtig sind.

Das sind die Samen, Zwiebeln und Pflänzchen, die du einsetzen willst, um einen wunderschönen blühenden Garten zu bekommen.

Das sind die drei wichtigsten Gedanken-Ebenen:

1. deine Gedanken über dich
2. deine Gedanken über deine*n Partner*in
3. deine Gedanken darüber, was du glaubst, was dein*e Partner*in über dich denkt

Manchmal habe ich Paare in der Beratung, von denen ich glauben würde, sie leben in völlig verschiedenen Partnerschaften. Die eine Person sagt, die Beziehung ist super, während die andere unzufrieden ist.

Auch hier ist es wieder wichtig sich zu verdeutlichen, dass auch eine Beziehung kein neutraler Umstand ist, sondern eine Abbildung in den Gehirnen und Gedanken der Partner*innen. Alles, was du in deiner Beziehung erlebst, läuft durch dein internes Filtersystem im Gehirn. Du bewertest deine Eindrücke und das Verhalten anderer aufgrund deiner Erziehung, Kultur und Vergangenheit. Dein*e Partner*in macht das auch.

Schauen wir uns die drei Gedanken-Ebenen noch einmal genauer an:

1. Was denkst du über dich in dieser Beziehung?

Mach hier eine kurze Lesepause und denk wirklich darüber nach. Noch besser ist es, wenn du diese Frage schriftlich beantwortest. Die folgenden Denkanstöße können dir dabei helfen:

- Bist du liebevoll, wertschätzend, positiv, leidenschaftlich, lebendig, witzig, interessant, zugewandt, neugierig?
- Oder bist du nicht gut genug, langweilig, ständig am Meckern, abweisend, negativ?
- Oder irgendwas dazwischen?

Achtung: Nichts davon ist ein Umstand. Das sind nur deine Gedanken über dich. Der blöde Spruch „Eigenlob stinkt" hängt in so vielen Gehirnen fest und wirkt sich schädlich auf das Selbstwertgefühl aus. Es wird Zeit, sich von dem Mist zu befreien! Je wertschätzender deine Gedanken über dich selbst sind, desto höher ist dein Selbstwertgefühl – und desto besser fühlst du dich in deinem Leben und in deiner Partnerschaft.

Dein Wert hängt nicht davon ab, wie dein*e Partner*in mit dir umgeht, sondern wie du mit dir umgehst und wie du dich bewertest. Dein Wert hängt nicht davon ab, wie deine Eltern mit dir umgegangen sind. Er hängt davon ab, wie du über dich denkst! Bist du die tollste Person für deine*n Partner*in? Bist du die coolste Socke unter der Sonne? Ist es großartig, mit dir zusammen zu sein? Bist du ein Geschenk? Diese Gedanken stehen dir zur Verfügung. Und zwar nicht, weil du perfekt bist. Sondern wenn du genauso bist, wie du bist. Genau jetzt!

Du kannst auch einfach hier und jetzt für immer entscheiden, dass du genug bist. Echt. Du kannst jetzt entscheiden, dass du eine gute Mutter, ein toller Papa, eine großartige Frau, ein fantastischer Mann bist! An welcher Messlatte misst du dich denn? Woran erkennst du, dass du weniger wert bist als irgendwer sonst?

Gedanken-Leiter

Falls du meilenweit davon entfernt bist, die Entscheidung zu treffen, großartig über dich selbst zu denken, kannst du anfangen, diesen Gedanken näherzukommen. Dafür benutzt du sogenannte Leiter-Gedanken.

Stell dir eine Leiter vor. Ganz unten ist der Gedanke: „Ich bin nicht gut genug." Ganz oben ist der Gedanke: „Ich bin ein Geschenk!" Der Sprung von unten nach oben ist für dein Gehirn zu weit. Doch du kannst dich an den Sprossen dazwischen langsam nach oben arbeiten.

1. Sprosse: Ich bin ein Mensch.
2. Sprosse: Ich bin okay, wie ich bin.

3. Sprosse: Ich habe tolle Seiten und nicht so tolle Seiten – wie alle anderen auch.
4. Sprosse: Als Mensch bin ich zu 100 Prozent wertvoll.
5. Sprosse: Für manche Menschen bin ich ein Geschenk.
6. Sprosse: Ich bin eine coole Socke. Zumindest meistens.
7. Sprosse: Weiterklettern!

Wichtig ist hier, dass du keine leeren Floskeln oder Affirmationen aufsagst, die du nicht glauben kannst. Gedanken sind nur dann wirksam, wenn du sie glaubst. Die positiven genauso wie die negativen.

Wenn du dein bisheriges Leben hauptsächlich negativ über dich selbst gedacht hast, veränderst du diese Glaubenssätze nicht über Nacht. Dein Gehirn braucht viele Wiederholungen, um neue Gedanken zu verankern und zu verinnerlichen. Ich habe hunderte Bücher gelesen, Podcast-Folgen gehört, Tausende von Euros in Seminare und Coaching-Stunden investiert, um meine Gedanken über mich selbst zu verändern.

Mit Anfang 20 habe ich Bücher von Louise Hay über Selbstliebe gelesen und konnte nichts damit anfangen (zum Beispiel *Wahre Kraft kommt von innen*, 1994). Mir war völlig schleierhaft, wie es gehen könnte, mich selbst zu lieben. Ich musste über 40 werden, um eine leise Idee davon zu bekommen. Es wird besser. Versprochen. Aber vergiss die Idee, dass du jemals fertig bist. Deine persönliche Entwicklung hört niemals auf! Während der Arbeit an diesem Buch habe ich *101 Essays, die dein Leben verändern werden* von Brienna Wiest (2022) gelesen, und ich kann es dir nur wärmstens ans Herz legen. Es ist nicht nur wichtig, womit du dein Auto tankst oder deinen Körper ernährst. Auch dein Gehirn braucht gutes Futter, um gute Gedanken produzieren zu können!

2. Was denkst du über deine*n Partner*in?

Mach wieder eine Pause und denke über diese Frage nach. Wenn du die Übung so richtig krass machen willst, schreibst du dir deine Antworten sogar auf!

- Ist er/sie liebevoll, sexy, großzügig, zugewandt, neugierig, interessiert, wertschätzend, spannend?
- Oder eher mürrisch, negativ, abwesend, beleidigend, stur, unangenehm, unerotisch?
- Oder irgendwas dazwischen?

Achtung: Was auch immer du über deine*n Partner*in denkst, ist nicht die Wahrheit! Selbst wenn du deine Aussagen mit 100 Beispielen belegen kannst – es sind nur Gedanken!

Je liebevoller du über deine*n Liebste*n denkst (und sprichst), desto mehr Liebe empfindest du in deiner Beziehung. Die Person, die möglichst viele positive und liebevolle Gedanken über was auch immer denkt, fühlt mehr Liebe als eine Person, die eher negative Gedanken denkt und ständig einen Grund sieht, über irgendwas zu meckern. Um negative Gedanken umzulenken, darfst du den Fokus auf die guten Seiten deines oder deiner Partner*in legen.

- Warum hast du dich damals in ihn oder sie verliebt?
- Was fandest du besonders sexy, reizvoll, interessant?
- Wofür bist du dankbar, wenn du an ihn oder sie denkst?
- Welche seiner oder ihrer Eigenarten findest du witzig, süß oder interessant?
- Welchen Gesichtsausdruck findest du zum Knutschen?
- Was an seinem oder ihrem Körper liebst du besonders?

Das bedeutet nicht, dass du dich selbst verarschen sollst und dir etwas schönreden/-denken sollst, was nicht da ist oder was du nicht glauben kannst. Es bedeutet auch nicht, dass dein*e Partner*in keine negativen Seiten hat oder du diese verleugnen sollst.

Gehirne produzieren keine objektive Realität. Sie filtern alles durch ein bestimmtes System und es kommt zu erheblichen kognitiven Verzerrungen (gut beschrieben ist das zum Beispiel bei Kahneman 2012). Eine davon ist der Negativitäts-Bias, der besagt, dass sich das Gehirn mehr auf die negativen Aspekte stürzt und die positiven als weniger relevant einstuft. Eine Tageszeitung mit nur positiven Schlagzeilen würde kaum jemand kaufen, geschweige denn lesen.

Die Aufgabe des Gehirns ist primär zu überleben und nicht, dich glücklich zu machen. Für den Steinzeitmenschen war es viel wichtiger, die Spur eines Säbelzahntigers zu entdecken, statt sich von einem leckeren Beerenstrauch ablenken zu lassen. Das bedeutet, dass du höchstwahrscheinlich mehr negative Gedanken über deine*n Partner*in denkst als nötig, und dass du womöglich nicht genug positive Ausgleichsgedanken produzierst. Für die muss sich dein Gehirn nämlich mehr anstrengen, zumindest sobald die Verliebtheitsphase vorbei ist. Wenn du deine Beziehung behalten und genießen möchtest, darfst du deshalb darauf achten, liebevolle und positive Gedanken zu denken. Zur Erinnerung: Du kannst denken, was immer du willst!

3. Was denkst du, was dein*e Partner*in über dich denkt?

Diese Gedanken-Ebene ist etwas komplizierter. Wenn ich diese Frage in meinen Beratungen stelle, herrscht erstmal großes Schweigen. Schließlich formulieren es meine Kund*innen dann so:

- „Er interessiert sich nur noch für seine Arbeit!“
- „Sie liebt mich nicht mehr, sonst würde sie öfter Sex wollen!“
- „Ich bin nur noch ein Möbelstück für meine Frau.“
- „Durch meine Affäre habe ich gemerkt, wie selbstverständlich ich für meinen Mann geworden bin.“
- „Früher war sie aufmerksam und hat sich um mich bemüht. Jetzt starrt sie nur noch in ihr Handy und macht Fotos für Instagram.“

Das alles sind Vermutungen beziehungsweise vorschnelle Schlussfolgerungen, die eine Beziehung gegen die Wand fahren können. Wenn jemand über einen längeren Zeitraum glaubt, der oder die Partner*in interessiert sich nicht mehr für die Beziehung, ist eine Affäre nicht weit. Wenn der Kollege oder die Kollegin besser zuhört, mehr Aufmerksamkeit schenkt und offensiv flirtet, fühlt sich das „Möbelstück" plötzlich wieder begehrt und sexy.

Um die Gedanken deines oder deiner Partner*in über dich herauszufinden, sind vor allem Gespräche sinnvoll. Anstatt vorschnelle Schlussfolgerungen zu ziehen, kannst du nachfragen:

- „Wie geht's dir gerade mit mir?"
- „Magst du unsere Beziehung noch?"
- „Denkst du, dass wir ein tolles Paar sind?"
- „Geh ich dir auf die Nerven? Gibt es etwas, was ich ändern sollte?"
- „Wie siehst du unsere Partnerschaft?"
- „Warum möchtest du so wenig Sex? Macht es dir keinen Spaß mit mir zu schlafen?"

Achtung: Hier willst du offen und neugierig sein und die Antworten auch wirklich hören wollen. Wenn du nicht aushalten kannst, dass etwas Negatives zurückkommt und sofort in einen Rechtfertigungsmodus verfällst, brauchst du gar nicht erst zu fragen. Es wäre möglich, dass dein Gegenüber die Beziehung als lästig empfindet oder enttäuscht ist, weil sich die Erwartungen aus der Verliebtheitsphase nicht erfüllt haben. Wenn er oder sie nur mit: „Ja, ja, alles gut!" antwortet, darfst du erstmal weiter nachhaken und deine Beobachtungen mitteilen.

- „Wir schlafen nur noch x Mal pro Jahr miteinander, für mich ist das nicht gut."
- „Wenn du so mit mir umgehst, fühle ich mich wie ein Möbelstück. Ist das so, wie wir Beziehung leben wollen?"
- „Können wir vereinbaren, dass wir beim Essen das Handy weglassen?"

Wenn dann immer noch keine Veränderung in deiner Beziehung stattfindet, bitte um eine Paarberatung oder eine Mediation.

Je mehr Klarheit du schaffen kannst, welche Gedanken dein*e Partner*in denkt, umso besser. Wenn dir das nicht gelingen sollte, hast du trotzdem die Wahl, ob du sein oder ihr Verhalten persönlich nehmen und gegen dich verwenden willst oder nicht.

Gib dir selbst diese vier Versprechen, die Ruiz formuliert hat (Ruiz 2022):

- Achte auf dein Wort – das, was du ausgesprochen hast, kannst du nicht mehr zurücknehmen!
- Nimm nichts persönlich – weder Positives noch Negatives. Wie andere sich verhalten und was sie sagen, hat mit ihnen zu tun, nicht mit dir!
- Ziehe keine vorschnellen Schlussfolgerungen – frag nach!
- Gib immer dein Bestes – aber sei dir im Klaren, dass das von deiner Tagesform abhängig ist!

Du hast die Wahl, wie du in deiner Beziehung auftreten möchtest. Und das bedeutet, dass du gut auf deine Gedanken-Ebenen achtest. Denn daraus entstehen deine Gefühle und die entscheiden darüber, wie du dich verhältst. Am Ende erzeugst du ein Resultat. Mit bewussten Gedanken kannst du also die Resultate schaffen, die du haben willst.

Damit kannst du deine Beziehung auch allein verbessern. Das ist deine Gartenpflege. Und falls du irgendwann entscheiden solltest, dass das nicht die Beziehung ist, die du führen möchtest, ist es auch völlig fein, von deinem Privileg Gebrauch zu machen und dich zu trennen.

Ich denke, dass ich die coolste Socke unter der Sonne und ein Geschenk für meinen Mann (und meine Kinder) bin. Mein Mann ist der tollste Mann, den ich mir vorstellen kann, und ich liebe es, an seiner Seite zu sein. Ich weiß durch viele Gespräche und Komplimente, dass er mich sehr liebt und zu schätzen weiß. Wir lachen viel, verbringen super gerne Zeit miteinander und genießen unser gemeinsames Leben auch nach über 20 Jahren sehr!

Haben wir Glück gehabt, dass wir uns gefunden haben? Absolut! Den Rest haben wir uns erarbeitet und tun es weiterhin. Eine lebendige und liebevolle Langzeitbeziehung ist ein Wunder und wir sind einander, aber auch uns selbst dankbar, dass wir dieses Wunder möglich machen. Gibt es eine Garantie, dass das für immer so bleibt? Nein, die gibt es nicht. Aber ich weiß, was ich tun kann, um das Wunder zu pflegen und zu schätzen. Und wenn das Wunder enden sollte, bevor der Tod uns scheidet, werden wir das auch irgendwie meistern.

Hör auf am Gras zu ziehen! – Erwartungen loslassen

Wir alle haben eine gewisse Erwartungshaltung an uns selbst und an unsere Partner*innen. Jede*r von uns hat eine Art Handbuch beziehungsweise einen Anforderungskatalog im Kopf darüber ...

- ... wie sich Menschen verhalten sollten und wie nicht.
- ... wie eine Beziehung sein sollte und wie nicht.
- ... was richtig ist und was falsch.
- ... wie ehrlich Partner*innen sein sollten.
- ... wie oft man Sex haben sollte.
- ... wie eine gute Mutter, Ehefrau, Tochter, Freundin, Chefin zu sein hat und wie nicht.
- ... wie ein guter Papa, Ehemann, Sohn, Kumpel und Chef zu sein hat und wie nicht.
- ... wie man auf der Autobahn und im Stadtverkehr fahren sollte und wie nicht.

Ich könnte diese Liste endlos weiterführen. Die Handbücher in unseren Köpfen sind richtig dick! Das Problem daran ist, dass wir so gut wie nie erfolgreich darin sind, das Verhalten anderer Menschen zu kontrollieren und sicherzustellen, dass sie sich genau so verhalten, wie wir das wollen. Du kannst auch deine Pflanzen nur so wachsen lassen, wie sie nun mal wachsen! Wenn du daran zerrst, reißt du sie aus.

Das nächste Problem ist, dass wir nicht übereinstimmen und verschiedene Menschen unterschiedliche Erwartungen haben. Ich finde es zum Beispiel nicht schlimm, auf der Mittelspur zu fahren. Ich hasse Spurwechsel und fühle mich in der Mitte am wohlsten. Furchtbar finde ich aber, wenn jemand mit 200 Sachen auf der linken Spur an mir vorbeirast. Die „sportlichen Fahrer*innen" sehen das vermutlich anders ...

Und selbst wenn du dir mit deinem oder deiner Partner*in einig bist, dass man in einer Beziehung nicht fremdgehen, immer ehrlich sein, den Müll rausbringen und regelmäßig vögeln sollte, heißt das noch lange nicht, dass ihr das immer so hinbekommt.

„Aber ich muss doch in einer Partnerschaft erwarten können, dass mein*e Partner*in ehrlich zu mir ist!" Das ist ein Satz, den ich ganz oft als Antwort bekomme, wenn ich irgendwo öffentlich sage, dass man sich zwar Ehrlichkeit wünschen, sie aber nicht erwarten kann und dass hundertprozentige Ehrlichkeit sowieso nicht möglich ist. Ich frage dann zurück, wie man denn die Ehrlichkeit des Partners sicherstellen möchte. Wie kann eine Person dafür sorgen, dass eine andere Person die „Wahrheit" sagt? Mit Folter? Selbst dann wissen wir nicht, ob die gefolterte Person wirklich ehrlich ist oder einfach alles sagt, damit die Schmerzen aufhören.

Natürlich kannst du dir in einer Beziehung Ehrlichkeit wünschen und vor allem auch den Boden für Ehrlichkeit bereiten, aber dein Zirkus ist ausschließlich deine eigene Ehrlichkeit. Ich würde mal vermuten, dass die nicht bei 100 Prozent liegt. Was gut ist! Stell dir vor, du würdest alles sagen, was du dir denkst (was ganz schön viel Blödsinn sein könnte). Deine Mitmenschen wären nicht gerade erfreut und du würdest dein Sozialleben damit ruinieren.

Die Lücke zwischen Realität und Erwartung

Der Unterschied zwischen einem Wunsch und einer Erwartung ist, dass an den Wunsch keine Bedingung gekoppelt ist und du dein persönliches Wohlbefinden nicht davon abhängig machst, ob deine Wünsche erfüllt werden oder nicht. Dicke Handbücher führen dagegen zu vielen Enttäuschungen und Frust, weil an eine Erwartung sehr wohl das eigene Wohlbefinden geknüpft ist. Sobald die Realität von der Erwartung abweicht, wird es doof. Die Lücke zwischen Realität und Erwartung verursacht Schmerz.

- Du hast mich betrogen, deshalb bin ich verletzt.
- Wenn du den Müll nicht runterbringst, werde ich wütend.
- Wenn du mich ignorierst, fühle ich mich nicht geliebt.
- Ich bin enttäuscht, wenn wir schon wieder keinen Sex haben.
- Mein Ex hält sich nicht an Absprachen, das macht mich noch ganz verrückt!

Jetzt versuchen die meisten Menschen verzweifelt, die Realität an ihre Erwartungen anzupassen anstatt umgekehrt. Doch solange du deine Gefühle vom Verhalten anderer abhängig machst, gibst du die Macht über dein emotionales Leben an diese Menschen ab. Du bist ihnen völlig ausgeliefert, denn es hängt ja von ihnen ab, wie du dich fühlst.

Versteh mich nicht falsch, es ist völlig normal, vom Verhalten anderer Menschen genervt oder verletzt zu sein. Wir sind keine Inseln, stehen im ständigen Austausch und bewerten alles, was wir erleben. Doch du kannst die Verantwortung für dich und deine Gefühle übernehmen und andere so sein lassen, wie sie sein wollen, und damit deutlich entspannter durchs Leben gehen. Du kannst deine Erwartungen an die Realität anpassen.

Schau dir deinen Anforderungskatalog, also all deine Erwartungen an andere genau an. Überlege dir, wo du wirklich Einfluss hast und wo nicht. Übernimm die Verantwortung für deinen Zirkus und lass die Affen der anderen in deren Zoo. Je dünner deine Handbücher sind, je weniger Erwartungen du an andere (und an dich selbst!) hast, desto weniger Frust und Enttäuschungen wirst du erleben.

Gartenzaun und Schneckenkorn – Grenzen setzen

Wenn ich sage, lass die Affen der anderen in deren Zoo und lass deine Erwartungen los, kommt als nächstes der Einwand, dass man sich ja wohl nicht alles bieten lassen muss. Das stimmt. Du musst dir gar nix bieten lassen! Doch auch hier wirst du dir die Zähne ausbeißen, wenn du an ein rücksichtsvolles oder dir in den Kram passendes Verhalten anderer appellierst. Du kannst Schilder aufstellen, dass niemand deinen Garten zertrampeln darf und die Schnecken jeden Morgen anmotzen, dass sie gefälligst aufhören sollen, deinen Salat zu fressen. Wie erfolgreich wird das wohl sein? Das Zauberwort heißt: Grenzen setzen!

Wichtig ist hier, dass du Grenzen immer mit deinem eigenen Verhalten setzt, anstatt andere Personen in die Schranken zu verweisen. Zwei einfache Beispiele mit einfacher Grenzverletzung:

Ein Fremder latscht einfach in deinen Garten, setzt sich auf deine Terrasse und trinkt aus deiner Kaffeetasse. Was würdest du tun? Sicherlich die Person bitten, wieder zu gehen. Je nach emotionaler Überforderung entweder ruhig oder eher aufgebracht. Was tust du, wenn der Fremde nicht im Traum daran denkt zu gehen und stattdessen auch noch seine Füße auf den Tisch legt? Du rufst entweder deinen Bodybuilder-Nachbarn oder die Polizei, richtig?

Wenn du bei einer Bekannten im Auto mitfährst und sie steckt sich seelenruhig eine Zigarette an, kannst du sie bitten, sie wieder auszumachen. Wenn sie das nicht tut, kannst du aussteigen und mit dem Bus fahren.

Klare Grenzen sind ein Gartenzaun, eine Haustüre, dein Körper, deine Zeit, usw. Nicht so klare Grenzen sind emotionale Grenzen. Die kann keiner sehen, daher musst du sie besser kommunizieren und auch besser schützen. Dafür darfst du dir klar machen, was genau deine Grenzen sind, also wo eine Grenzverletzung vorliegt und wo nicht.

Keine Grenzverletzung ist es, wenn die Nachbarin sagt, dass du dein Haus in einer bestimmten Farbe streichen sollst. Hier kannst du mit den Schultern zucken und denken: „Na, wenn sie meint …“, aber tun musst du gar nix. Eine Grenzverletzung wäre, wenn sie mit einem Eimer Farbe anrückt und dein Haus streicht. Hier willst du handeln, um das zu verhindern.

Wenn dir jemand an den Hintern grapscht, der das nicht darf, kannst du dich entrüsten und tagelang darüber jammern – oder eine Anzeige erstatten. Dasselbe gilt übrigens bei Dick Picks, also Penisbildern, die dir jemand über Social Media schickt.

Sollte dich dein*e Partner*in regelmäßig anschreien, obwohl er oder sie genau weiß, dass das für dich ganz schlimm ist, weil das beispielsweise in deinem Elternhaus auch so war, ist das eine Grenzverletzung. Doch anstatt nun zum dreitausendsten Mal zu sagen, dass er oder sie das nicht tun soll, darfst du dir überlegen, was du tun kannst, wenn er oder sie anfängt zu schreien – zum Beispiel den Raum verlassen. Das kommunizierst du einmal klar und deutlich und ziehst es beim nächsten Mal konsequent durch. Tust du das nicht, war es keine Konsequenz, sondern eine leere Drohung. Drohungen bringen dir gar nix, sie sorgen nur dafür, dass du unglaubwürdig wirst. Konsequenzen kannst du völlig unaufgeregt und sogar liebevoll durchziehen. Dafür musst du nicht wütend werden, trotzig für dich einstehen oder zurückschreien.

Schluss mit People Pleasing

Ich hatte schon tausende Menschen in der Beratung und ein Großteil davon traut sich nicht, adäquate Grenzen zu setzen. Aus Angst, wie die andere Person reagiert, aus Angst, andere zu verletzen oder zu enttäuschen. Doch die Angst, dass andere Menschen traurig, enttäuscht, verletzt oder wütend sind, wenn du dich nicht an ihre Handbücher hältst, ist eine Ausrede. In Wahrheit hast du Angst vor deinen eigenen

Gefühlen. Du kannst es nicht aushalten, wenn jemand eingeschnappt oder angepisst ist. Du kannst deine Gefühle nicht ertragen und glaubst, es wäre Selbstlosigkeit und Fürsorge.

Tatsächlich ist es sogenanntes People Pleasing. Man könnte auch sagen: einschleimen. Und das hat sehr viel mit Lügen und sich verbiegen zu tun und wenig mit Selbstlosigkeit und echter Hilfsbereitschaft. People Pleaser wollen die Gedanken und Gefühle anderer manipulieren, indem sie sich auf die vermeintlich gewünschte Art und Weise verhalten. Ein People Pleaser bedankt sich höflich bei der Nachbarin für den „netten Gefallen", das Haus zu streichen, und ärgert sich von nun an still und leise über die blöde Farbe.

Es gibt vier Typen, wenn es um Grenzverletzungen geht:

1. People Pleaser – will es allen recht machen, nur sich selbst nicht
2. Kontrolletti – erkennt Grenzen nicht an, ist übergriffig
3. Vermeider – lässt niemanden an sich ran, Grenzen sind Mauern ohne Türen
4. Unempath – übernimmt keine Verantwortung für das eigene Verhalten, schiebt es anderen in die Schuhe

Wie immer ist es eine gute Idee, dir selbst auf die Schliche zu kommen und zu schauen, welche Verhaltensmuster du in deinen Beziehungen hast. Und wenn du nicht die Resultate erzielst, die du möchtest, darfst du etwas ändern.

Sonne, Wasser und Dünger – damit gedeiht deine Beziehung

Kommen wir nun zu den wichtigsten Zutaten beziehungsweise Handlungen für einen blühenden Garten. Ohne Sonne und Wasser wächst gar nix! Und den passenden Dünger an den richtigen Stellen zu verwenden, lässt deine Pflanzen noch besser gedeihen! Das ist eigentlich voll logisch und sollte eine Selbstverständlichkeit sein, aber wenn ich mir viele Partnerschaften so anschaue, ist es oft staubtrocken und duster – und von Dünger keine Spur.

Ich sage ja gern: Liebe ist ein Gefühl und lieben ein Tun-Wort! Um deine Beziehung gut zu pflegen, darfst du folgende Zutaten, Qualitäten und Handlungen einsetzen:

1. Wertschätzung

Wenn eine Affäre aufgeflogen ist, geben fremdgehende Partner*innen als einen der Hauptgründe an, dass ihnen die Wertschätzung in ihrer Beziehung gefehlt hat. Oder noch schlimmer, dass der oder die andere sogar ständig gemeckert und etwas auszusetzen hatte.

Gerade viele Menschen der älteren Generationen sind mit wenig Wertschätzung aufgewachsen und tun sich später schwer, ihren Liebsten Komplimente zu machen und einfach nur etwas Nettes zu sagen. Das hat Konsequenzen, und zwar keine guten! Aber auch junge Leute beklagen sich bei mir, dass der oder die Partner*in sie ständig kritisiert. Wächst eine Pflanze besser, wenn man sie beschimpft? Vermutlich nicht.

Alles, was wir tun, hat Konsequenzen, alles, was wir nicht tun, auch! Und nicht nur unsere Handlungen sind wichtig, sondern auch die Motivation dahinter. Es gibt nur zwei Grundmotive für menschliches Handeln: ein bestimmtes (positives) Gefühl erzeugen oder ein anderes (negatives) Gefühl vermeiden wollen. Kurz ausgedrückt: Wir handeln entweder aus Liebe oder Angst. Welche Motivation treibt dich in einer Beziehung an? Schreib es in dein Notizbuch, damit du dir hier auf die Schliche kommst, oder nimm das Selbstcoaching-Modell zur Hilfe. Es zeigt schön auf, aus welchem Gefühl beziehungsweise Motiv du etwas tust oder unterlässt.

Je mehr Wertschätzung du deinem oder deiner Partner*in gegenüber ausdrücken kannst, desto besser. Und damit meine ich echt gemeinte und authentische Wertschätzung und kein Rumgeschleime, um die andere Person zu manipulieren. Wenn du ständig Angst hast, dass deine Pflanzen zu wenig Wasser bekommen und dir eingehen könnten, wirst du zu oft und zu viel gießen und sie ersaufen. Den oder die Partner*in aus Angst mit Wertschätzung zu überschütten, ist kontraproduktiv. „Aber ich muss doch jetzt wiedergutmachen, was ich die letzten Jahre verbockt habe!“, sagt die Person, deren Partner*in eine Affäre hatte und verstanden hat, was ihr eigener Anteil am Schlamassel war. Aus Angst will diese Person jetzt alles tun, um diesen Schmerz künftig zu verhindern. Doch jemanden mit Liebe zu ersticken ist keine Liebe! Es ist Angst. Manchmal sind mehrere Beratungs-Sessions nötig, um Menschen dies deutlich zu machen.

2. Lebensfreude und Lebendigkeit

Wann sind Menschen besonders sexy?

Wenn sie frustriert sind? Wenn sie ständig jammern und sich über Gott und die Welt beklagen? Nur vor der Glotze sitzen oder am Handy hängen und sonst nicht viel am Leben teilnehmen? Oder sind es diejenigen, die das Leben lieben und mit Herz und Seele leben? Die den Moment genießen, in allem etwas Gutes sehen können und strahlen?

Das war nicht schwer, oder? Fehlende Lebendigkeit benennen Menschen häufig als Grund für eine Affäre. Mit der Fremdliebe war alles so unbeschwert und lebendig. Auch wenn dieser Grund eine Illusion der hormonellen Gehirnvergiftung ist, kannst du darauf achten, wie lebendig du bist und wie viel Lebendigkeit du in deine Beziehung hineingibst.

Falls du mit einer Couch-Potato zusammen sein und unter Langeweile in deiner Partnerschaft leiden solltest, kannst du versuchen, ihn oder sie zu mehr Aktivität zu bewegen, dir spannende Unternehmungen einfallen lassen und es nicht zulassen, dass ihr vor dem Fernseher versauert. Doch auch hier gilt: Wenn er oder sie nicht will, kannst du das nur akzeptieren und die andere Person nicht lebendiger machen, als sie es selbst sein möchte. Vermutlich wird das halt irgendwann Konsequenzen haben und du darfst dir überlegen, ob du diese Art von Beziehung weiterleben willst.

3. Begeisterung

Wie alle Gefühle ist auch Begeisterung etwas, wofür du dich bewusst entscheiden kannst. Vor einigen Jahren habe ich den ZDE, also den Zweck meiner Existenz, nach dem Konzept John Strelecky in *The big five for life* (2009) festgelegt. Dabei habe ich mich dafür entschieden, auf diesem Planeten zu sein, um mit Leib und Seele und vor allem mit ganz viel Begeisterung zu leben und diese Begeisterung an andere weiterzugeben. Die überschäumende Begeisterung vieler US-Coaches ist mir zwar oftmals zu viel des Guten, dafür bin ich wohl zu deutsch aufgewachsen, aber dennoch sind amerikanische Coaches und Podcaster Vorbilder für mich und ich übe, wie ich noch mehr Begeisterung ausstrahlen kann.
Ich würde mich als begeisterungsfähige Person bezeichnen und das ist für mich auch ein schöner Sinn des Lebens! Das bedeutet nicht, dass ich negative Emotionen vermeide und ablehne, im Gegenteil. Ich habe längst akzeptiert, dass das Leben fifty-fifty ist. Nach einer depressiven Verstimmung freue ich mich umso mehr, wenn ich wieder Begeisterung fühlen kann. Es ist wie mit der Sonne nach einer Woche Regen.

Wenn dein emotionaler Grundtonus von Begeisterung zu weit entfernt ist und du dich eher depressiv und apathisch fühlst, darfst du dich vorsichtig auf der emotionalen Skala nach oben bewegen.

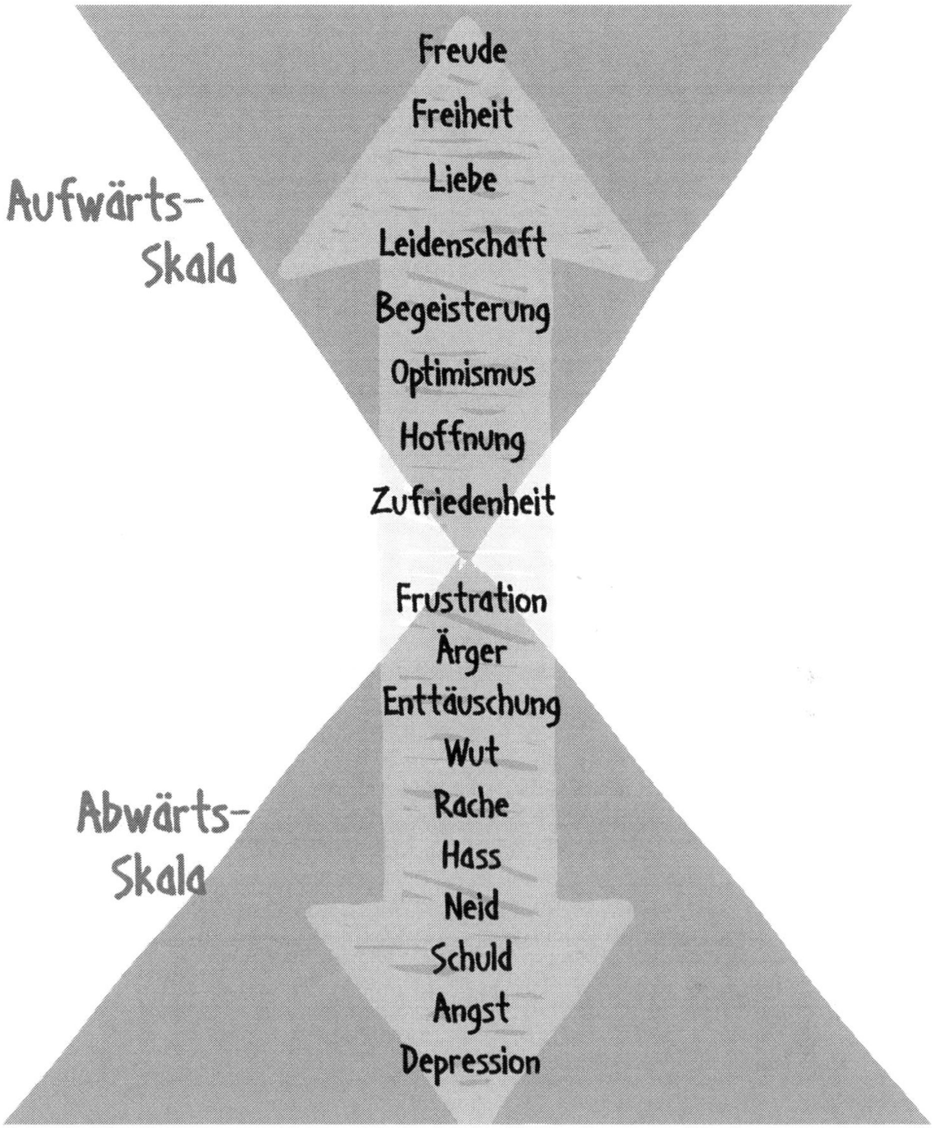

Du weißt ja, kein Gefühl ist in Stein gemeißelt und du hast die Wahl, wer du sein und wie du dich fühlen möchtest. Falls dich die schlechte Laune deines oder deiner Partner*in runterzieht, weil er oder sie in einer negativen Phase steckt, darfst du schauen, wie du dich abgrenzen und dich unabhängiger von seinen oder ihren Launen machen kannst. Klar kannst du auch probieren, ihn oder sie aufzumuntern und mit deiner Stimmung hochzuziehen. Doch wenn das nicht geht – konzentriere dich auf deinen Zirkus! Achtung: Ist eine Person an einer

Depression erkrankt, sollte sie sich einen Termin bei einer Ärztin oder einem Psychiater holen. Hier kannst du deutliche Hinweise geben, eventuell sogar einen Termin vereinbaren und die Person hinbringen. Bitte übernimm jedoch nicht die Verantwortung für seine oder ihre Gefühle und Gesundheit.

4. Neugierde, Offenheit und Risikofreude

Viel zu viele Paare bauen ihre Beziehungen hauptsächlich auf Sicherheit, Zuverlässigkeit und Geborgenheit auf und vergessen dabei, dass Abenteuer und Spannung auch wichtig sind. Zu groß ist die Angst, dass sich der oder die Partner*in in jemand anderen verlieben und durchbrennen könnte. Sie ziehen eine große Mauer mit Stacheldraht um sich, niemand darf raus und niemand rein. Das monogame Konzept gibt eine Scheinsicherheit, die die meisten Menschen für erstrebenswert halten. Um negative Gefühle zu vermeiden, versäumen sie, mit Herz und Seele ins Leben einzutauchen.

Zu viel Sicherheit und zu wenig Abenteuer haben einen Preis. Streng monogam zu leben hat einen Preis. Niemals getrennt voneinander zu vereisen hat einen Preis. Die „emotionale Verschmelzung" (Schnarch 2011, 67) mit dem oder der Partner*in hat einen Preis – nämlich Langeweile und eingeschlafene Füße.

Das wirkt sich vor allem auf das Liebesleben aus. Erotik entsteht durch das Unbekannte und die Distanz, nicht durch das ständige Zusammenkleben auf der Couch.

- Denkst du, dass du deine*n Partner*in in- und auswendig kennst?
- Langweilen dich seine oder ihre Geschichten manchmal, weil du sie schon tausendmal gehört hast?
- Bist du verunsichert, wenn du Seiten an ihr oder ihm entdeckst, die du bisher nicht kanntest?
- Traust du dich nicht, etwas allein zu unternehmen, aus Angst, dass er oder sie flirten oder fremdgehen könnte?

Eine lange Beziehung bleibt lebendig und spannend, wenn wir uns für den Gedanken öffnen, dass wir uns selbst wohl nie voll und ganz kennen werden – und schon gar nicht andere Menschen. Wir dürfen anerkennen, dass Sicherheit im Außen eine Illusion ist und es für nichts eine Garantie gibt. Genau das macht die Würze des Lebens und der Liebe aus! Offen zu sein, neue Dinge zu entdecken – an uns selbst und unseren Partner*innen. Und zwar nicht nur diejenigen, die uns in den Kram passen und uns schön in der Komfortzone chillen lassen, sondern eben genau die Persönlichkeitsaspekte und Eigenheiten, die uns suspekt sind und vor denen wir Angst haben.

Mit dem Hängebrücken-Experiment aus dem Jahr 1974 wurde nachgewiesen, dass aufregende und spannende Situationen Menschen in einen emotional empfänglichen Zustand versetzen und sich Adrenalin positiv auf sexuelle Gefühle auswirkt (Windscheid 2021). Bei diesem Experiment wurde dieselbe Frau einmal am Ende einer wackeligen Hängebrücke und einmal am Ende einer sicheren Autobrücke platziert, um den Männern, die die Brücke passierten, ein paar Fragen zu stellen und kurz mit ihnen zu flirten. Für Rückfragen gab sie auch ihre Telefonnummer heraus. Die Männer, die über die Hängebrücke gegangen waren, nahmen im Anschluss sehr viel häufiger – nämlich jeder Zweite –telefonisch Kontakt zu der Frau auf. Von den Männern, die die Autobrücke überquert hatten, meldete sich nur jeder zehnte. Neugierde und Offenheit für das Unbekannte und Unerwartete sowie die Bereitschaft, Risiken einzugehen, sind Grundvoraussetzungen, um lange Beziehungen lebendig zu gestalten und die Schmetterlinge im Bauch zumindest ein bisschen flattern zu lassen!

5. Die vier G – Geduld, Gelassenheit, Großzügigkeit und Güte

Bedingungslose Liebe – wäre es nicht schön, wenn wir genau so geliebt werden würden, wie wir sind? Als menschliche Wesen mit schönen und unschönen Seiten, mit Vorzügen und Makeln, einfach so? Wenn du Kinder hast, ist dir diese Liebe möglicherweise bekannt. Meine

Kinder könnten anstellen, was immer sie wollen, es gäbe nichts, wofür ich ihnen meine Liebe entziehen würde.

Aktuell kann ich mir auch nichts vorstellen, was mein Mann tun könnte, wofür ich ihn nicht mehr lieben würde. Dennoch gibt es Dealbreaker in unserer Beziehung und es könnte sein, dass wir uns unter bestimmten Bedingungen trennen würden. Dazu mehr im Abschnitt „Bis dass der Tod uns scheidet … oder auch nicht – Trennung".

Doch selbst dann würde ich ihn immer noch als Vater meiner Kinder lieben – aber eben nicht mehr als Ehe- und Liebespartner. Angenommen, er würde mit einer anderen Frau durchbrennen, wäre ich erstmal sicher angepisst und dann sehr traurig. Doch auf lange Sicht hätte ich keine Lust zu leiden und ich würde ein gutes Auskommen mit ihm finden wollen (wenn er das auch will).

Menschen tun blöde Dinge und Partner*innen verletzen sich gegenseitig. Wo gehobelt wird, da fallen Späne, und wo wirklich gelebt wird, gibt es Emotionen. Positive und negative.

Die vier G sind Qualitäten, die eine Beziehung immer besser machen. Dafür darfst du akzeptieren, dass dein*e Partner*in nicht für dich auf dem Planeten ist, sondern für sich. Und dass er oder sie Dinge für sich tun wird, die du blöd findest und dich verletzen (falls du es persönlich nimmst).

Immer wieder darf ich in der Paarberatung helfen, die Sturheit und Unerbittlichkeit einer verletzten und enttäuschten Person zu durchbrechen, damit die Beziehung noch eine Chance hat. Nicht immer ist das möglich und eine Trennung ist dann unausweichlich. Je mehr du dein emotionales Wohlbefinden vom korrekten Verhalten deines oder deiner Partner*in abhängig machst, desto schwieriger wird es für dich, einen Fehltritt oder ein längeres schweres Vergehen wie eine Affäre zu verzeihen und neues Vertrauen aufzubauen.

Manchmal muss man sich entscheiden, ob man die romantischen Vorstellungen und Erwartungen (Stichwort Hollywood- und Disney-Seuche!) behalten will oder die Beziehung. Wenn du dich trotz einer

Krise für die Beziehung entscheidest, brauchst du Geduld, Gelassenheit, Großzügigkeit und Güte.

Früchte ernten – Beziehung genießen!

Meine Eltern sind im Obst- und Gartenbauverein und sehr engagiert, was ihren Garten betrifft. Sie schuften hart, um sich ihr grün-buntes Paradies zu erschaffen und immer wieder neu zu gestalten. Wenn ich im Sommer zu Besuch bin, sitzen wir auf der Terrasse und ich kann sehen, wie stolz die beiden darauf sind, was sie geleistet haben. Es gibt Erdbeeren, Tomaten, Gurken und Zucchini, im Herbst ist der Keller voll mit Äpfeln und Birnen.

Wenn ich mit meinem Mann an unserem Fluss in Bad Aibling, der Mangfall, oder in einem schönen Restaurant sitze, geht es uns ähnlich. Wir sind glücklich und sehr stolz auf unseren Beziehungsgarten und wissen zu schätzen, was wir beide – gemeinsam und einzeln – dafür geleistet haben, damit wir die Früchte unserer Bemühungen ernten und genießen können. Ich meine, genau dafür machen wir das alles doch, oder? Genau diese Gefühle wollen wir haben, wenn wir uns eine Beziehung wünschen und eingehen.

Für eine erfolgreiche Beziehungsarbeit ist es auch wichtig, sich Erfolge bewusst zu machen, sie anzuerkennen und reproduzierbar zu machen. Wenn du nicht weißt, was du gut machst, kannst du es nicht wiederholen. Wenn du nicht weißt, welche Pflanzen in deinem Garten gedeihen und welche Früchte besonders lecker sind, kannst du sie im nächsten Jahr nicht wieder anpflanzen. Dafür kannst du eine einfache oder ausführliche Erfolgsevaluation deiner Beziehung machen. Beide stelle ich dir kurz vor.

Einfache Erfolgsevaluation

Denke über deine Beziehung nach und überprüfe Folgendes – am besten schriftlich in deinem Notizbuch:

- Was funktioniert bei uns gut?
- Was funktioniert nicht? Warum nicht?
- Was könnte und möchte ich anders machen?

Um die einfache Evaluation tiefer zu begreifen, darfst du nicht nur auf deine Handlungen schauen, sondern auch auf die Gedanken und Gefühle, die zu den Handlungen geführt haben. Dafür kannst du auf das Selbstcoaching-Modell aus dem Abschnitt „Schaffe Ordnung in deinem Garten! – Das Selbstcoaching-Modell" zurückgreifen.

Achtung: Es geht nicht darum, was dein oder deine Partner*in anders machen sollte. Es geht immer um das eigene Verhalten!

Ausführliche Erfolgsevaluation

- Auf welche Aspekte meiner Beziehung bin ich besonders stolz?
- Was haben wir schon gemeistert?
- Wie genau habe ich dazu beigetragen, dass wir das geschafft haben?
- Was war das größte Learning?
- Was war der beste, der hilfreichste Gedanke?
- Was war die hilfreichste Emotion?
- Was haben mich meine und unsere Erfolge gelehrt – über mich selbst und uns?
- Wie kann ich Erfolge wiederholen?

Wir neigen dazu, die Fehler und Probleme in unseren Beziehungen zu analysieren, vergessen aber, unsere Erfolge zu feiern und herauszufinden, wie genau wir die Erfolge produziert haben. Wenn du dein Gehirn und deine Beziehung auf einen Erfolgskurs bringen möchtest, darfst du dir deshalb deine Erfolge regelmäßig und konkret vor Augen führen. Damit installierst du eine Erfolgsmaschine zwischen deinen Ohren, die gar nicht anders kann, als erfolgreich zu sein. Zudem sind Menschen zufriedener, wenn sie nicht nur auf das achten, was fehlt, sondern vermehrt auf das, was sie schon geschafft haben. Toll beschrieben ist das zum Beispiel in *Das GAP-and-GAIN-Konzept* von Dan Sullivan und Benjamin Hardy (2022).

Hol dir einen Gärtner! – Paarberatung

Wenn du dich mit deinem Garten abmühst, aber nicht so richtig weiterkommst, wenn also gewissermaßen das Unkraut sprießt und deine Pflanzen nicht blühen mögen, kannst du Bücher lesen, Podcasts hören, YouTube-Videos schauen oder Online-Kurse buchen. Zusätzlich oder stattdessen kannst du dir einen Profi holen, der sich das Ganze mal anschaut. So eine Person erkennt schnell, woran es hakt: Vielleicht ist es die Erde, die nicht fruchtbar ist, vielleicht düngst oder wässerst du falsch. Sie hat einen anderen Blick, ist emotional nicht involviert und kann dir beziehungsweise euch gut helfen.

Ich weiß, dass Paarberatung nicht gerade angenehm klingt, und ich weiß auch, dass viele große Angst davor haben, was ein Coach oder eine Beraterin zum Vorschein bringt. Und ja, ich kann auch bestätigen, dass es manchmal schmerzhaft ist. Präventiv zur Eheberatung zu gehen wäre super, es ist jedoch völlig normal, dass man das erst in Erwägung zieht, wenn die Schmerzen wirklich groß sind! Es ist wie mit dem Zahnarzt – nur manchmal brauchst du allein nicht mehr rumdoktern. Eine Wurzelbehandlung macht besser der Profi.

Selbst wenn die Beziehung nicht mehr zu retten ist, tut ihr euch mit einer Trennungsberatung leichter und vermeidet einen Rosenkrieg! Wenn ihr Kinder habt, solltet ihr auch nach der Partnerschaft ein gutes Elternteam bilden.

KAPITEL 9

Hilfe! Wir werden alle sterben!

Die meisten Menschen, die in der westlichen Welt aufgewachsen sind, glauben, dass der Tod ein riesiges Drama und Unglück ist. Wenn eine geliebte Person stirbt, ist das das Schlimmste, was man sich vorstellen kann. Und ja, mir geht es auch so. Gott bewahre, dass mein Mann oder meine Kinder einen tödlichen Unfall haben oder an einer Krankheit sterben. Ich habe erlebt, wie es ist, wenn Eltern ein Kind verlieren, als mein kleiner Bruder mit 18 einen tödlichen Motorradunfall hatte. Das war nicht lustig!

Dennoch gibt es auch andere Wege, über den Tod zu denken, und in manchen Kulturen ist eine Beerdigung ein buntes Fest, auf dem die sterbliche Hülle eines Menschen verbrannt und die Seele dabei begleitet wird, eine neue Welt zu betreten. Diese Kulturen glauben nicht, dass der Tod das Ende ist. Sie glauben, er ist ein Übergang.

Damit will ich sagen, dass du über den Tod glauben kannst, was immer du willst – was immer sich für dich stimmig und sinnvoll und vielleicht sogar halbwegs gut anfühlt. Und ich möchte dich ermutigen, den Tod als Teil des Lebens anzunehmen, anstatt die Gedanken daran zu vermeiden und zu verdrängen.

Die Angst, einen geliebten Menschen zu verlieren, haben wir immer, sobald wir jemanden lieben. Diese Angst darf da sein und wir dürfen uns ihrer bewusst sein. Sie bringt uns nicht um. Sie macht uns vielleicht sogar achtsamer darin, wie wir mit unseren liebsten Menschen umgehen. Und damit meine ich nicht, dass du dich an sie klammern und sie ersticken sollst! Sei dir der Endlichkeit des Lebens bewusst und mach deinen Frieden damit. Lebend kommt hier keiner von uns raus.

Ich glaube, dass mein Bruder in einer Art geistigen Welt ist, dass er dort gebraucht wurde und seine Seele eine Menge Spaß hat. Trotzdem ist es sehr schmerzhaft und traurig, dass er nicht mehr da ist. Das ist okay. Trauer ist ein Gefühl und auf diesem Planeten zu leben bedeutet, alle Gefühle zu haben, die es gibt. Das Gehirn wird dir sowieso immer einreden, dass wir alle sterben werden. Es wird dir sagen, dass du einen Todesfall oder eine Trennung nicht überlebst und dass Fremdgehen das Schlimmste ist, was einem in einer Beziehung passieren kann. Das tut es übrigens nur, weil es gelernt hat, genau so und nicht anders darüber zu denken. Das Gehirn tut seinen Job immer im Rahmen der gesellschaftlichen Glaubenssysteme und Weltbilder. Keine Ahnung, ob ich schonmal gestorben bin und ob es sowas wie Wiedergeburt gibt. Niemand von uns weiß das.

Der Tod kann schlimm sein und es wäre möglich, dass ein Mensch für immer in der Hölle schmort – es muss aber nicht so sein. Es kann einen Himmel geben, es muss aber nicht so sein. Es könnte auch ganz anders sein, als wir in einer monotheistischen, christlichen, patriarchalen Weltanschauung gelernt haben. Es kann einen Gott geben, es könnte mehrere geben und Gott könnte eine Frau sein.[15] Wer weiß das schon …

Bis dass der Tod uns scheidet … oder auch nicht – Trennung

Nachdem wir uns an den Tod herangewagt haben, können wir jetzt auch über Trennung sprechen. Auch wenn du davon meilenweit entfernt bist und dich das Thema überhaupt nicht betrifft, empfehle ich dir, die folgenden Kapitel zu lesen. Es steckt sehr viel Hilfreiches darin, um eine Beziehung achtsam und bewusst zu leben.

Die meisten Menschen vermeiden es, über das Thema nachzudenken. Sie verdrängen jeden zart aufkeimenden Gedanken daran ganz weit in die Tiefen ihres Gehirns, weil es sich so schrecklich anfühlt und sie glauben, dass eine Trennung ein riesiges Drama sein muss.

Sicher sind manche Trennungen tatsächlich ein riesiges Drama und es gibt nicht nur in der Boulevardpresse Beispiele von kindischen Rosenkriegen. Bei Leuten in meinem Alter gibt es im Bekanntenkreis mindestens ein Beispiel von einer unschönen Trennung. Doch letztlich liegt es immer an der Bewertung durch unser Gehirn, welche Bedeutung wir einer Trennung – ob mit vorausgehender Affäre oder ohne – geben wollen.

Ich möchte dich ermutigen, anders darüber zu denken und dich auf jeden Fall damit auseinanderzusetzen, egal, wie glücklich oder unglücklich deine Beziehung gerade sein mag. Warum? Weil es guttut, mit der Taschenlampe unters Bett zu leuchten und die Schreckgespenster genau kennenzulernen, die dort abhängen. Sie sind dann nicht mehr ganz so angsteinflößend und schrecklich. Wenn wir unsere Ängste nur verdrängen, anstatt sie zu kennen, wirken sie im Unbewussten und verleiten das Nervensystem dazu, blöde Entscheidungen zu treffen – oder noch schlimmer, gar keine Entscheidungen zu treffen.

Zögere eine Trennung nicht unnötig hinaus – schaffe lieber Klarheit.

In einer Welt, in der die Dauer einer Beziehung als Qualitätsmerkmal gilt, ist eine Trennung ein Scheitern, ein Versagen und etwas, was man anderen nicht antun darf. Gerade Menschen, die Kinder haben, fühlen sich miserabel, wenn sie auch nur daran denken, sich trennen zu wollen. Viele meiner Kund*innen, die nicht wissen, ob sie gehen oder bleiben sollen, hängen für Monate oder manchmal Jahre in der Zwischenwelt der Nichtentscheidung, in der sie jede aufsteigende Angst unterdrücken, mit Alkohol oder Liebeleien betäuben.

Zwei Gründe für Affären sind fehlende Liebe und geringe Verbindlichkeit, also die Unklarheit darüber, ob man die aktuelle Beziehung überhaupt noch will oder ob der oder die Partner*in die Beziehung noch will.[16] Einer meiner Kunden war felsenfest davon überzeugt, dass seine Frau ihn nicht mehr liebt, obwohl sie „nur" eine schwierige Zeit bei der Arbeit durchgemacht und sich zurückgezogen hat. Die Avancen seiner Kollegin fielen da auf fruchtbaren Boden.

Es ist verständlich und menschlich, sich in eine Affäre zu flüchten, aber nicht wirklich zielführend. Du könntest genauso gut koksen, was dir ebenfalls einen Kick gibt und dich von deinem Alltag ablenkt, aber keine Probleme löst. Eine Affäre kann sich großartig anfühlen, dich aber keinen Millimeter näher an deine Ziele bringen. Sie kann eine Trennung verzögern und verschieben und manchmal sogar auch verhindern. Manche Menschen haben eine Affäre, um zu gehen, andere, um zu bleiben. Es gibt aber auch Affären, die nur dazu da sind, sich ein langweiliges Leben spannender zu gestalten. Ein sexuelles Abenteuer ersetzt aber kein aufregendes Leben. Es ist eine Illusion. Es ist so, als würde man sich eine langweilige Party schöner saufen. Die Party bleibt langweilig, fühlt sich aber lustig an. Ohne Alkohol müsste man sich überlegen, ob man nicht lieber nach Hause gehen mag.

Sei ehrlich mit dir selbst und reflektiere genau, ob du mit einer Affäre etwas vermeidest, was eigentlich ansteht und dich weiterbringen würde, zum Beispiel eine berufliche oder private Veränderung – oder ob sie dich unterstützt, deine Lebensziele stärker zu verfolgen und mutiger zu werden.

Wie ich schon erwähnt habe, ist es ein Privileg, dass wir in der heutigen Zeit eine Beziehung beenden können. Eine Trennung ist nicht die Lösung deiner Probleme, eine Trennung ist nur eine Möglichkeit, dein Leben so zu gestalten, wie du es wirklich leben willst.

Ich gebe all meinen fremdverliebten Kund*innen die Empfehlung, eine Trennung nur für sich selbst zu tun und nicht für oder wegen einer anderen Person. Eine Fremdliebe kann ein Katalysator sein oder beschleunigend wirken, aber nicht die Ursache und der Grund für eine Trennung sein.

Du trennst dich immer für dich selbst! Weil du die alte Beziehung nicht mehr möchtest und weil du glaubst, eine neue Beziehung eröffnet dir mehr Möglichkeiten. Du trennst dich, auch wenn du damit rechnen musst, dass die neue Beziehung nicht funktioniert. Es ist eine Entscheidung für dein Leben. Übernimm deshalb dafür die volle Verantwortung. Eine neue Liebe ist kein neues Leben. Ein neuer Garten ändert nichts daran, wie gut du gärtnern kannst. Du nimmst dich selbst immer mit!

Woran Beziehungen wirklich scheitern

Was glaubst du, woran scheitern die meisten Beziehungen?

- Untreue?
- Auseinandergelebt?
- Streit?
- Sexflaute?

Die Vermittlungsagentur ElitePartner führt regelmäßig repräsentative Umfragen unter Paaren und Singles zu Beziehungen, Sex, Partnerwahl und Dating durch. Vor einigen Jahren befragte sie über 10.000 Menschen, die in einer Partnerschaft leben, nach den für sie größten Herausforderungen ihrer Beziehung.[17] So antworteten die Befragten:

1. wenig Zeit füreinander (57 Prozent)
2. Stress in der Arbeit (55 Prozent)
3. schwierige finanzielle Situation (53 Prozent)

4. Sexualleben lebendig halten (44 Prozent)
5. räumliche Trennung, Fernbeziehung (43 Prozent)
6. Partner achtet nur auf seine Bedürfnisse (42 Prozent)
7. durch Kinder wenig Zeit zu zweit (35 Prozent)
8. Streit über Alltagsdinge (31 Prozent)
9. Umgang mit Kindern aus vorherigen Beziehungen (28 Prozent)
10. sich auf Dauer treu zu bleiben (27 Prozent)

Das ist genau das, was Paare oberflächlich wahrnehmen. Ich gehe gern noch einige Ebenen tiefer. Jeder einzelne Punkt könnte hier für eine Stunde Paarberatung taugen, um Klarheit zu bekommen und Lösungsstrategien zu entwickeln.

1. Warum ist es ein Problem, zu wenig Zeit zu haben? Warum habt ihr so wenig Zeit füreinander? Warum schaufelt ihr nicht mehr Zeit frei?
2. Wieso ist beruflicher Stress ein Problem für die Beziehung? Warum schafft ihr es nicht, Stress abzubauen? Warum nehmt ihr den Mist mit nach Hause?
3. Warum ist Geld ein Stressthema bei euch? Wieso streitet ihr über Geld? Woher kommen die finanziellen Probleme und wie geht ihr damit um?
4. Welche Priorität hat Sex in eurer Beziehung? Was genau tut ihr, um ein lebendiges Sexleben zu haben? Könnt ihr darüber reden?
5. Warum ist es ein Problem, räumlich getrennt zu sein? Wer sagt denn, dass man immer zusammenwohnen muss? Welche Bewertung gebt ihr der Fernbeziehung? Welche Strategien habt ihr, um mit Gefühlen wie Sehnsucht umzugehen?
6. Warum ist ein Problem, auf die eigenen Bedürfnisse zu achten? Was glaubt ihr denn, wer dafür verantwortlich ist, die eigenen Bedürfnisse zu erfüllen?
7. Wieso habt ihr keinen Babysitter? Wieso nehmt ihr euch nicht mehr Zeit füreinander?

8. Warum streitet ihr über Kleinigkeiten? Wieso glaubt ihr, unbedingt recht haben zu müssen? Warum handelt ihr, wie ihr handelt?
9. Was genau ist das Problem bei Kindern aus vorherigen Beziehungen? Wer meint, hier recht zu haben? Warum hinterfragt ihr nicht eure Denk- und Verhaltensmuster? Die Kinder können nix dafür!
10. Ja, treu zu bleiben ist nicht leicht. Na und? Wo ist das Problem? Könnt ihr darüber reden? Euch Freiräume lassen? Eifersucht und Verlustangst aushalten?

Tatsächlich sind das immer Themen, die in einem Eisbergmodell über der Wasseroberfläche liegen. Doch anstatt sich daran aufzureiben und an der Oberfläche herumzudoktern, empfehle ich, ins eiskalte Wasser zu tauchen, den ganzen Eisberg unterhalb der Wasseroberfläche anzuschauen und die Probleme dort anzugehen.

Beziehungsprobleme und Trennungsgründe lassen sich auf ein paar Themen reduzieren. Die oben genannten Punkte sind Symptome tiefergehender Ursachen, aber nicht die Ursachen selbst. Eine der besten Fragen zur Ursachenforschung ist deshalb: Worum geht es hier gerade wirklich?

Fast immer geht es um diese Dinge:

- alte Verletzungen und ungelöste Traumata (aus der Kindheit)
- unterschiedliche Werte und fehlende Akzeptanz darüber
- ungünstige Denk- und Verhaltensmuster aus der Ursprungsfamilie (die nicht hinterfragt und verändert wurden)
- unsichere Bindungsstile, daraus resultierende emotionale Abhängigkeit oder das Vermeiden oder Sabotieren von echter Nähe
- unrealistische und völlig überzogene Erwartungen an die Beziehung und den oder die Partner*in (Hollywood- und Disney-Seuche)
- fehlende Eigenverantwortung, Opferhaltung und Schuldzuweisungen
- negative Denkmuster (kognitive Verzerrung, Negativitäts-Bias)
- fehlende Strategien, um die eigenen Gedanken, Gefühle und Handlungen zu managen

WARUM BEZIEHUNGEN SCHEITERN

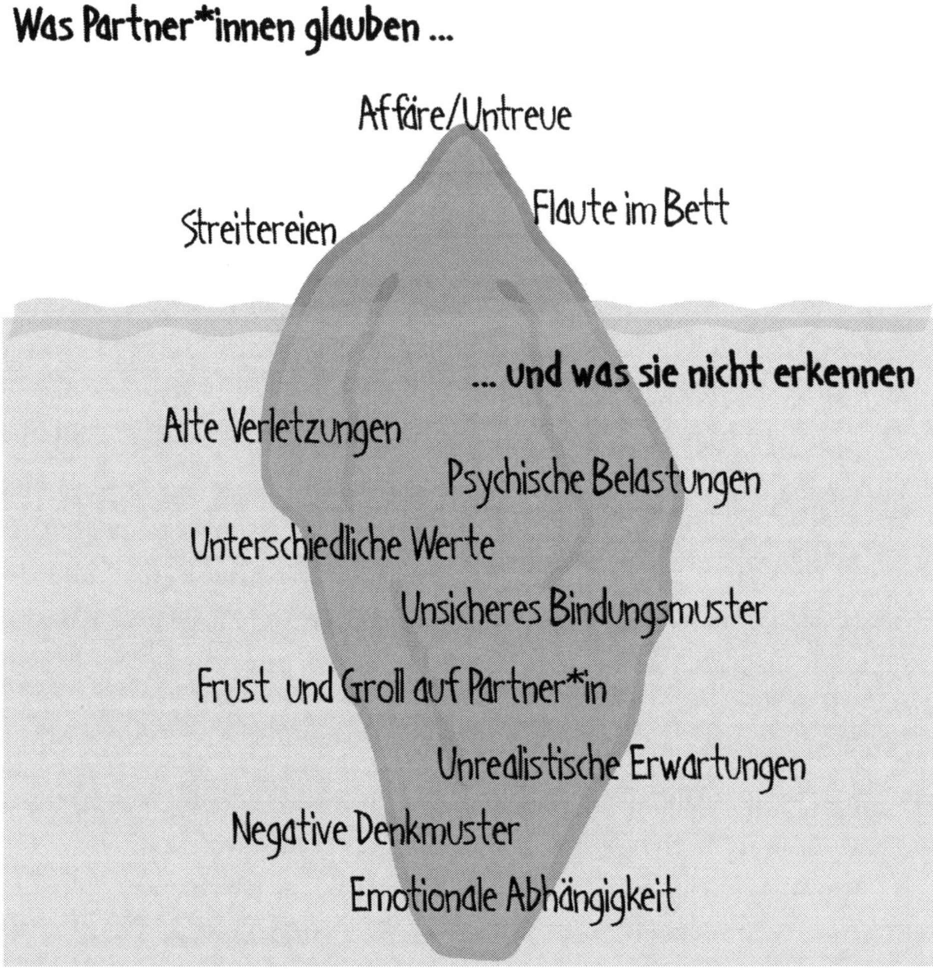

Ich führe das alles darauf zurück, dass Liebe und Beziehung kein Schulfach ist und dass niemand lernt, welche Fähigkeiten man wirklich braucht, um erfüllende Langzeitbeziehungen hinzukriegen. Wir lernen am Modell unserer Eltern, und das taugt nur bedingt, wie wir gesehen haben. Ich führe es auch darauf zurück, dass es fürs Gehirn einfacher ist, die Muster der Hollywood- und Disney-Seuche zu glauben, anstatt in eine anstrengendere Gehirnleistung zu gehen und in eine Beziehung genauso viel zu investieren wie in eine Managerkarriere. Und wer sagt denn, dass das Ende einer Beziehung überhaupt ein Problem sein muss? Wo steht denn geschrieben, dass man immer zusammenbleiben muss? Klar, in der Bibel, aber was soll der Scheiß? Darüber sind wir doch hinaus, oder?

Ich würde die Worte „Scheitern" und „Versagen" hier für immer streichen. Niemand scheitert, weil eine Beziehung zu Ende geht. Und es hat auch niemand versagt. Zwei chaotische, verletzte, traumatisierte, wundervoll menschliche Gehirne versuchen einen Weg zu finden, gemeinsam durchs Leben zu gehen und dabei völlig unrealistische Erwartungen zu erfüllen. Dass das in so vielen Fällen dennoch funktioniert, ist ein unfassbares Wunder! Anstatt immer nur darauf herumzureiten, was du nicht geschafft und wo du versagt hast, kannst du dir auch mal stolz auf die Schulter klopfen und würdigen, dass du dieses Leben und deine Beziehung meisterst, so gut du kannst. Du kannst dankbar sein dafür, dass es dein*e Partner*in schon so lange mit dir aushält und auch auf ihn oder sie stolz sein.

Und von hier kannst du Dinge verbessern, Fähigkeiten erweitern, wachsen und lernen. Es ist okay, wo du momentan stehst, und es ist okay, wo du hinwillst.

Die vier apokalyptischen Reiter und Traumareaktionen

Gottman (2004) hat in Anlehnung an die biblische Geschichte vier apokalyptische Reiter der Beziehung identifiziert. An diesen Anzeichen kann man erkennen, ob ein Paar gerade dabei ist, die Beziehung gegen die Wand zu fahren. Die Anzeichen tauchen lange vor einer Trennung auf und im Idealfall gelingt es einem Paar, sie frühzeitig zu erkennen und gegenzusteuern.

Selbst wenn du deine Beziehung nicht behalten möchtest, ist es so viel angenehmer, ohne diese Reiter durchs Leben zu gehen. Sie zu vermeiden hilft dir, jede Beziehung liebevoll und wertschätzend zu leben. Die vier Reiter, die die Beziehungs-Apokalypse ankündigen, heißen:

- Negative Kritik
  Ständig negativ zu kritisieren oder kritisiert zu werden zermürbt uns. Menschen sind (eigentlich) auf Liebe und positive Bestärkung ausgerichtet. Das ist unser erwünschter Zustand. Je nachdem, was wir in der Kindheit und in früheren Beziehungen erlebt haben, kann es aber als „normal" empfunden werden, ständig zu kritisieren und/oder kritisiert zu werden. Das ist für keinen Menschen schön.

- Verachtung
  Der oder die Partner*in nervt uns. Wir rollen mit den Augen, wenn sie oder er etwas sagt oder den Raum betritt. Wir schicken ihm oder ihr einen Gruß mit dem Mittelfinger hinterher, wenn er oder sie den Raum verlässt. Auch hier gilt: Das schmerzt und verletzt beide Parteien gleichermaßen!

- Rechtfertigung und Zurückweisung
  Der Teufelskreis der Kritik: Wenn wir kritisiert werden, haben wir gelernt, uns sofort zu verteidigen oder die Kritik zurückzuweisen. Was wiederum dazu führt, dass sich jetzt der oder die Partner*in verteidigt und zurückschießt. Willkommen auf dem Beziehungs-Schlachtfeld, auf dem niemand gewinnt!

- Mauern
  Es kommt zum Rückzug, einer Art Beleidigtsein auf der Kommunikations- und der körperlichen Ebene. Es gibt keine Berührung mehr, Sexentzug, kein Gespräch, nur die kalte Schulter – und das über einen langen Zeitraum. Das ist Mist und führt niemals in eine gute, erfüllende Beziehung. Im Gegenteil: Das ist der sichere Weg in eine Trennung.

Solange diese Verhaltensmuster nur ab und zu vorkommen, ist das völlig okay. Doch wenn sie mehr als die Hälfte des Kommunikationsstils in einer Partnerschaft ausmachen, geht das Ding den Bach runter. Garantiert! Wenn du also nach einem effektiven Weg suchst, wie du deine*n Partner*in möglichst bald loswirst, kannst du meckern bis sich die Balken biegen, dich verteidigen und Kritik nicht annehmen, mit den Augen rollen, Witze über ihn oder sie im Freundeskreis zum Besten geben und Sex verweigern.

Falls dir aber etwas an deiner Beziehung liegt und du das eine oder andere Verhaltensmuster der apokalyptischen Reiter an dir selbst bemerkst, kannst du die folgenden Gegenmaßnahmen ergreifen:

- Negative Kritik
  Nimm sie neutral wahr und erstmal nicht persönlich. Hinterfrage dich selbst, ob dein*e Partner*in vielleicht recht haben könnte, auch wenn der Ton daneben war. Frage nach, wenn du nicht verstehst, warum er oder sie die Kritik anbringt (siehe auch die vier Versprechen nach Ruiz).

- Verachtung
  Anstatt mit den Augen zu rollen kannst du versuchen, Verständnis für das menschliche Gehirn dir gegenüber aufzubringen. Selbst wenn er oder sie etwas völlig Blödes gesagt hat, kannst du es ohne Verurteilung und Bewertung stehen lassen. Du bist kein trotziger Teenager, sondern ein erwachsener Mensch (hoffentlich).

- Rechtfertigen/zurückweisen
  Wenn du kritisiert wurdest, musst du dich keineswegs rechtfertigen und auch nicht sofort einen Kritikpunkt an deine*n Partner*in zurückgeben. Du kannst einfach sagen: „Oh, das hab ich verbockt. Es tut mir leid." Oder noch besser: „Danke, dass du mich aushältst, auch wenn ich manchmal furchtbar bin."

Achtung: Hier geht es mir nicht darum, dass du dir die Peitsche auf den Rücken haust und dich selbst schlecht machst. Wenn es gerechtfertigte Kritik war, kannst du sie einfach annehmen, ohne dich in einen Strudel aus Schuld und Scham zu begeben.

- Mauern
  Ich bin selbst mit einer Familiengeschichte groß geworden, in der Beleidigtsein sehr häufig eingesetzt wurde, um mich zu manipulieren und zu erziehen. Es war schrecklich. Später habe ich selbst kein Wort rausgebracht, wenn ich mich über meinen Partner geärgert habe.

Wenn du keine Chance hast, nach einem Streit auf deine*n Partner*in zuzugehen, darfst du daran arbeiten. Das ist eine Traumareaktion, für die er oder sie nichts kann. Lerne, dich wie eine erwachsene Person zu verhalten und nicht wie ein trotziges kleines Kind!

Achtung, Traumareaktionen

Hinter Verhaltensmustern, die Gottman als Apokalyptische Reiter bezeichnet, kann eine sogenannte Traumareaktion stecken. Wenn wir ein ungelöstes Trauma in uns tragen, reagiert unser Nervensystem automatisiert und nicht erwachsen. Es reagiert auf einen sogenannten Trigger, also einen Auslöser, mit einem Gefühl von „Lebensgefahr", selbst wenn diese Reaktion völlig unlogisch und unangebracht ist.

Die vier grundsätzlichen Reaktionen auf Gefahr sind:

1. Kampf (engl. fight) – hier geht das Nervensystem in den Gegenangriff, schießt zurück und bricht einen Streit vom Zaun, zeigt den Mittelfinger
2. Flucht (flight) – hier entfernt sich die Person, entweder körperlich, indem sie geht, oder innerlich, indem sie das Thema wechselt oder die Augen rollt
3. Starre (freeze) – in der Starre ist es nicht möglich, ein Wort raus-

zukriegen, die Person zieht sich ins Schneckenhaus zurück, steht nicht mehr zur Verfügung
4. Schleimen (fawn) – People Pleasing, diese Person bettelt um Liebe, ist immer nett, um die andere Person nicht zu verlieren, kann keine Grenzen setzen

Bei Menschen, die irgendwann eine sehr schmerzhafte Erfahrung gemacht haben, kann das Nervensystem in völlig harmlosen Situationen eine Gefahr erkennen, Alarm schlagen und eine Traumareaktion auslösen. Wenn du solche Traumareaktionen bei dir selbst beobachtest, beweg deinen Hintern in eine Traumatherapie und heile deine alten Verletzungen. Egal, ob du in dieser Beziehung bleibst oder nicht. Ansonsten hast du niemals die Möglichkeit, so zu reagieren, wie du es möchtest. Es gibt großartige Therapie- und Coaching-Methoden, um ein Trauma zu lösen, zum Beispiel EMDR[18], wingwave®[19], Somatic Experiencing nach Peter Levine[20], und vieles mehr – Google ist dein Freund! Im Membership-Bereich ist meine Kollegin und Gast-Coach Martina Booth die Expertin mit einer Trauma-Zertifizierung.[21] Ich lerne viel von ihr!

Noch ein wichtiger Hinweis: Wenn ich hier von Trauma spreche, meine ich „Alltags-Traumata“ und keine schwerwiegenden und lebensbedrohlichen Ereignisse, die eine posttraumatische Belastungsstörung ausgelöst haben. In diesem Fall hole dir bitte ärztliche Hilfe.

Dann ist es aus! – Dealbreaker

„Was ist für dich ein Dealbreaker? Was müsste passieren, dass du dich von mir trennen würdest?“ Diese Fragen habe ich in einem gemeinsamen Podcast meinem Mann gestellt und war gespannt auf seine Antwort.[22] Dealbreaker sind Ausschlusskriterien – sie brechen den gemeinsamen Deal und führen zum Ende einer Beziehung.

Andi antwortete: „Wenn wir keinen Spaß mehr hätten! Wenn wir nur noch so vor uns hinleben würden und jeder Tag irgendwie derselbe Trott wäre." – Wow! Das hat mich total beeindruckt und auch sehr gefreut. Uns beiden ist es wichtig, dass wir viel Spaß miteinander haben, wir kennen unsere Wertelisten und Ziele – und dennoch hat mich die Klarheit seiner Aussage überrascht. Aber er hat recht! Was bitte ist es für eine Beziehung, in der die Partner*innen keinen Spaß miteinander haben? Für uns unvorstellbar. Wir lachen meist schon morgens miteinander bei unserem ersten Kaffee, den wir im Bett trinken.

Was ist für dich ein Dealbreaker? Was ist für dich ein klares Zeichen, deine Beziehung zu beenden? Bitte schieße jetzt nicht „Fremdgehen" aus der Hüfte. Denk bitte ein bisschen darüber nach. Viele meiner Kund*innen hätten vor der Affäre ihrer Partner*innen Stein und Bein geschworen, dass sie den Arsch oder die Schlampe sofort rausschmeißen würden, wenn er oder sie fremdvögelt. Haben sie aber nicht.

Wann würdest du deine Beziehung aufgeben und warum? Lass dir Zeit mit der Beantwortung dieser Frage und schreibe dir die Antworten in dein Notizbuch. Kennst du die Dealbreaker deines oder deiner Partner*in? Hast du ihn oder sie schonmal gefragt? Und auch hier würde ich mich nicht mit der erstbesten Antwort zufriedengeben, sondern nachhaken:

- Was wäre so krass, dass du nicht mehr mit mir zusammen sein möchtest?
- Warum wäre das so?

Ihr könnt euch auch gegenseitig ein bisschen herausfordern und alle Dealbreaker aufzählen. Außer Fremdgehen – das ist nicht erlaubt. Was wäre es?

Kürzlich wurde ich in einem Radiointerview anlässlich der Wiesn, also dem Oktoberfest in München gefragt, ob ich lieber mit meinem Mann oder lieber mit Freundinnen auf die Wiesn gehe. Für mich ist das keine Entweder-oder-Frage. Ich gehe voll gerne mit meinem Mann irgendwohin, und ich gehe auch gerne allein mit Freundinnen aus.

Weiter wurde ich gefragt, ob ich dann auch flirten würde. Wenn möglich, unbedingt! Flirten ist Lebensfreude. Flirten pinselt das Ego und wirkt sich positiv auf meine Sinnlichkeit aus. Davon profitieren meine Beziehung und unser Sexleben. Selbst Fremdgehen ist für uns kein Dealbreaker. Wenn eine*r von uns (heimlich) Sex mit einer anderen Person hat, dann reden wir darüber.

Uns ist klar, dass das in zehn, 20 oder 30 Jahren Beziehung vorkommen kann und dass es auch völlig legitim ist, sich Abwechslung zu wünschen. Wir können uns gegenseitig nicht alle Wünsche und Bedürfnisse erfüllen. Selbst wenn wir ein tolles und leidenschaftliches Sexleben haben, können wir niemals neu und fremd füreinander sein. Ich wäre schön doof, wenn ich mich von der Liebe meines Lebens trennen würde, nur weil er mit einer anderen Frau Sex hatte. Damit schieße ich mir ins eigene Knie!

Was ich anderen Paaren raten würde, die getrennt auf die Wiesn gehen, wurde ich weiter gefragt. Ich würde allen Paaren raten, Wiesn hin oder her, dass sie über ihre Dealbreaker reden, dass sie darüber reden, wie wichtig ihnen Treue ist und wie sie im Falle einer Untreue miteinander umgehen wollen. Es wäre schön, wenn Paare miteinander reden könnten, dass sie Gelüste auf andere Menschen haben und sich nicht sofort an einem verletzten Ego aufhängen und ins Drama verfallen. Anstatt mit dem primitiven Steinzeitgehirn beziehungsweise dem Fühlhirn, wie Manson es nennt, würde ich die Dealbreaker lieber mit dem Großhirn, also rational und langfristig abwägend, definieren. Klare Dealbreaker sind für mich:

- ständiges Gemecker und Kritik, Mauern, Gejammer und Negativität über einen langen Zeitraum
- körperliche Gewalt, wenn sie wiederholt auftritt
- psychische Gewalt, emotionale Erpressung, ständige Schuldzuweisungen
- Opferhaltung und Ablehnung von Eigenverantwortung
- Alkoholmissbrauch und Drogen (vermutlich)
- Polyamorie (vermutlich)

Interessanterweise können viele meiner Kund*innen die meisten der oben genannten Dinge ertragen, solange der oder die Partner*in treu ist. Erst bei Untreue schauen sie genauer auf die Beziehung und stellen fest, dass sie viele Jahre ein Verhalten hingenommen haben, welches jetzt nicht mehr zu dulden ist.

Ich finde es einerseits schade, dass erst Fremdvögeln die Bewusstheit dafür wachruft, welche Art von Beziehung jemand leben will. Andererseits ist es aber auch gut, denn immerhin gibt es diese Art von Weckruf. „Er/sie hätte doch nicht gleich fremdgehen müssen!" Doch! Ohne diese „Ohrfeige" würdet ihr so weitermachen wie bisher.

Motivation für Veränderung

Menschen sind aus zwei Gründen bereit sich zu verändern:

1. große Ziele
2. große Schmerzen

Und lass uns ehrlich sein, die Ziele sind es eher selten. Viele Paare brauchen den Schmerz einer Affäre oder eines Seitensprungs, um bereit zu sein, genauer hinzuschauen und Konsequenzen zu tragen. Wenn du die Komfortzone nicht freiwillig verlassen willst, kommt das Leben und tritt dir ordentlich in den Allerwertesten.

Der indische Yogi und Bestsellerautor Sadhguru sagt: „Fremdgehen öffnet dir die Möglichkeit für Wachstum. Die andere Person eröffnet dir eine spirituelle Dimension. Hör auf zu sagen, dass dich jemand betrogen hat. Sag einfach, dass dich jemand von einem illusorischen Zustand befreit hat" (Sadhguru 2022). Der illusorische Zustand ist, dass andere Personen uns lieben, bis dass der Tod uns scheidet. Dass sie immer treu sind und niemand anderen sexy und begehrenswert finden. Es ist eine Illusion, dass sie nach uns sterben, uns nicht verletzen und niemals verlassen werden.

All das kann passieren. Sicherheit ist eine Illusion.

Die häufigsten Ängste vor einer Trennung

Egal, ob du selbst mit dem Gedanken spielst, deine Beziehung zu beenden, oder ob du spürst, dass dein*e Partner*in nicht mehr voll hinter euch steht: Sich mit einer möglichen Trennung auseinanderzusetzen macht Angst. Viel Angst. Große Angst – und sobald die Motivation Angst statt Liebe, zum Beispiel Selbstliebe, ist, malt sich das Gehirn gern das Schlimmste aus, anstatt von einer Trennung mit positiven Nachwirkungen auszugehen.

Die Ängste, die ich ständig höre, liste ich dir hier auf:

Angst Nummer 1: Ich kann doch die 15, 18 oder 25 Jahre nicht einfach wegschmeißen.

Oder: Er oder sie hat unsere letzten Jahre nicht wertgeschätzt und sich einfach getrennt!

Ich habe noch nie erlebt, dass sich jemand einfach getrennt hat. Im Gegenteil. Meine Kund*innen machen es sich unfassbar schwer, diesen Entschluss zu fassen und umzusetzen. Es ist auch nicht möglich, eine Vergangenheit wegzuschmeißen. Sie bleibt für immer als – möglicherweise verzerrte (Shaw 2018) – Erinnerung im Kopf.

Bei einer Trennung geht es um die Zukunft. Es geht um die nächsten 15, 18 oder 25 Jahre. Jeder Mensch hat das Recht beziehungsweise das Privileg, sich für eine Zukunft mit oder ohne den oder die Partner*in zu entscheiden. Selbst wenn man in einer Kirche etwas anderes geschworen hat. Ja, das geht!

Es braucht ein wenig Training, aber du kannst dein Gehirn immer wieder von der Vergangenheit auf die Gegenwart und auf deine Zukunft lenken. Die Vergangenheit ist dazu da, um aus ihr zu lernen und Schlüsse zu ziehen, die du für deine Zukunft gebrauchen kannst. Leben wird vorwärts gelebt und rückwärts verstanden. Der Veränderungsprozess macht Angst und eine langjährige Beziehung aufzugeben, freiwillig oder nicht, tut weh. Aber du wirst nicht sterben. Du wirst trauern und du wirst ein gutes Leben haben. Punkt.

Angst Nummer 2: Falsche Entscheidung treffen

Es gibt keine richtigen und keine falschen Entscheidungen. Es gibt Entscheidungen und die dazugehörigen Konsequenzen. Selbst wenn wir eine Entscheidung getroffen haben, die wir später nicht mehr so geil finden, können wir jederzeit eine neue Entscheidung treffen und von dort weitergehen. „Aber dann ist mein Partner vielleicht weg und will nicht mehr zurück zu mir!“ Ja, das kann passieren. Und auch dann hast du immer die Möglichkeit, dein Leben zu leben und in die Richtung zu lenken, in die du gehen willst. Dann wirst du jemand anderen finden oder allein glücklich sein.

Wenn du dich dazu entscheidest, deine Beziehung zu beenden, dann willst du selbst zu 100 Prozent hinter dir stehen. Du kannst mögliche Zweifel wahrnehmen, abhaken und mit deinem Gehirn reden, dass du gute Gründe hattest, dich zu trennen und dass es die beste Entscheidung ever war! Und dann die Diskussion oder auch das Gejammer unterbinden.

Das gilt übrigens für jede Entscheidung, die du jemals triffst. Du entscheidest dich dafür, die volle Verantwortung für deine Entscheidungen zu übernehmen und hinter dir zu stehen, egal, was dabei rauskommt. Du haust dir nicht die Peitsche auf den Rücken und machst dich auch nicht dafür fertig! Du bist mutig, triffst Entscheidungen, korrigierst wenn nötig die eine oder andere und stehst zu dir!

Am blödesten ist es, Ewigkeiten in der Nicht-Entscheidung stecken zu bleiben. Sie kostet verdammt viel Energie, macht dich unzufrieden und bringt dich nicht weiter. Triff eine Entscheidung, ziehe sie durch und lerne auf dem Weg, damit umzugehen.

Wenn sich dein*e Partner*in getrennt hat, dann respektiere seine oder ihre Entscheidung. Da sind wir wieder beim echten Vertrauen. Du darfst es scheiße finden, traurig sein und wütend. Aber du musst respektieren, dass andere Menschen ihr Leben so leben, wie sie es wollen – und nicht wie du es willst. Niemand ist für dich auf diesem Planeten. Außer du selbst.

Angst Nummer 3: Ist es dann wirklich besser?

Eine Trennung ist nur der Umstand. Ob es besser oder schlechter ist, entscheidest du über die Gedanken, die du darüber denkst und über die Bewertung, die du dem Umstand gibst. Eine Trennung löst deine Probleme nicht. Durch eine Trennung kannst du nicht plötzlich besser gärtnern. Eine neue Liebe ist kein neues Leben. Ich kann das gar nicht oft genug betonen!

Egal, welches Ziel wir erreichen oder welche Umstände wir verändern, es ist dort nicht besser als hier. Es ist anders. Du hast dich auf dem Weg zum Ziel entwickelt, bist stärker geworden und hast mehr Selbstvertrauen. Das fühlt sich besser an. Aber kein Ziel macht dich glücklich. Keine Hochzeit und keine Trennung machen dich glücklich. Du machst das!

Es gibt nicht genug Geld, Schönheit, Liebe und Sex auf dem Planeten, um dich davon zu befreien, ein menschliches Gehirn zu haben, welches immer wieder negative Gedanken anbietet und dich vor Gefahren warnen will. Lerne, mit diesem Gehirn zu leben, deine Gefühle zu fühlen und dich nicht im Selbstmitleid zu suhlen, wenn irgendwas passiert ist, was dir nicht in den Kram passt.

Angst Nummer 4: Hab ich das Recht dazu? Sind meine Gründe genug?

Schuldgefühle begleiten alle, die sich trennen wollen, weil wir in der Gesellschaft gelernt haben, dass wir für immer in dieser Beziehung bleiben sollen. Die patriarchalen Machtstrukturen haben uns eingetrichtert, dass wir nicht so egoistisch sein dürfen, dass die Kinder leiden und der oder die Ex leidet und dass man halt mal die Zähne zusammenbeißen und was aushalten muss.

Nein. Muss man nicht! Du brauchst keine Gründe, um eine Beziehung zu beenden. Weil du es so willst, ist Grund genug! Es ist hilfreich, freundlich und menschlich, wenn du deine Gründe erläuterst und den Menschen in deinem Umfeld dein Warum erklärst. Aber du brauchst dich nicht zu rechtfertigen. Es ist dein Leben und du bist für dich auf dem Planeten und für niemanden sonst (außer für deine Kinder, wenn sie noch klein sind).

Schreib dir mit Hilfe deines Großhirns alle Gründe auf, warum du die Beziehung beenden willst. In den Momenten, wo die Schuldgefühle aus deinem primitiven Steinzeitgehirn und aus den gesellschaftlichen Erwartungen um die Ecke biegen, kannst du diese Liste nehmen und dir durchlesen. Du hast deine Gründe und die sind genug!

Angst Nummer 5: Ich kann nicht loslassen

Was heißt loslassen? Was genau bedeutet es, nicht loslassen zu können? Hier geht es um die Gedanken über eine andere Person und um die Gedanken über die Beziehung zu dieser Person. Wenn du denkst, dass du ohne eine bestimmte Person nicht leben kannst, glaubst du, die Person nicht loslassen zu können. Aber das ist Quatsch. Natürlich kannst du loslassen, etwa wenn die Person sterben sollte oder mit jemand anderem durchbrennt. Klar kannst du dann trotzdem an deinen Gedanken festhalten und weiter glauben, dass du ohne die Person nicht leben kannst. Aber auch das ist völliger Blödsinn. Man kann nicht ohne Sauerstoff leben, auch nicht ohne Wasser. Ohne Essen wird's auch schwierig. Aber man kann eine ganze Weile ohne andere Menschen leben. Du bist kein kleines Kind mehr, welches auf die Zuwendung anderer angewiesen ist.

Etwas loslassen ist leicht. Du hast etwas in der Hand, bewegst deine Muskeln und Knochen, öffnest die Hand und lässt los. Eine Person oder eine Beziehung loslassen heißt, dass du die Gedanken änderst, die dich an die Person binden. Es gibt mentale Übungen und Meditationen, in denen man vor dem inneren Auge die Verstrickungen und Verbindungen zu anderen Menschen durchschneidet. Das kann helfen.

Dennoch tut es weh. Etwas loszulassen heißt nicht, dass es sich super anfühlt, dass du total tiefenentspannt und locker bist, wenn die andere Person nach Timbuktu auswandert. Wenn eine geliebte Person stirbt, wirst du trauern. Wenn sich eine geliebte Person von dir trennt, wirst du trauern. Wenn du dich trennst, auch. Trauer ist ein Gefühl und alle Gefühle sind okay – auch, wenn sie sich beschissen anfühlen.

Vielleicht gibt es eine*n Ex-Partner*in, bei der oder dem du dir unter gar keinen Umständen mehr vorstellen kannst, jemals etwas für diese Person empfunden zu haben. Diese Person könnte man dir auf den Bauch binden, du hättest kein Bedürfnis danach, ihn oder sie festzuhalten. Hier hast du vollkommen losgelassen. Es ist nur noch eine Erinnerung.

Angst Nummer 6: Ich werde es bereuen

OMG! Was rede ich mir hier den Mund fransig! Etwas zu bereuen ist ein völlig unsinniges und unnötiges Konzept des Gehirns. Reue macht null Komma gar keinen Sinn. Hätte, hätte Fahrradkette.

Du hast keine Zeitmaschine, um in die Vergangenheit zu reisen und dort Dinge zu ändern, die du gern getan oder lieber nicht getan hättest. Lass dir den Mist nicht von deinem Gehirn einreden! Du kannst jetzt, hier und heute entscheiden, nie wieder auch nur ein Fitzelchen deines Lebens zu bereuen. Du kannst entscheiden, dein Leben zu leben, Erfahrungen und Fehler zu machen, gute und weniger gute Entscheidungen zu treffen, und völlig im Frieden damit zu sein.

Noch einmal: Wo gehobelt wird, da fallen Späne. Hör auf, die Späne zu bereuen, die ein gelebtes Leben automatisch abwirft. Du kannst aufhören zu leben, du kannst vermeiden, jemals jemandem auf den Schlips zu treten, jemanden zu verletzen und zu verlassen. Du kannst dein Leben völlig in den Dienst anderer Menschen stellen. Wenn du

da Bock drauf hast – von mir aus! Aber wenn du Lust hast, dein Leben wirklich zu leben, mit allem, was dazugehört und nach deinen eigenen Regeln und Wünschen, dann musst du auch aushalten können, dass manche Dinge nicht so laufen, wie du es dachtest und dass du manchmal deinen Weg korrigieren musst. Na und?
Diese zwei Mantras helfen dir, nie wieder etwas zu bereuen:

1. Hätte, hätte, Fahrradkette …
2. Mein Leben, meine Regeln!

Eine Erkenntnis aus dem Buch *Was Sterbende bereuen* (Ware 2015) ist es, dass Menschen am Ende ihres Lebens bereuen, nicht ihr eigenes Leben gelebt zu haben, sondern sich nach den Wünschen und Erwartungen anderer gerichtet zu haben.

Tja! Pech gehabt. Auf dem Sterbebett ist es ein bisschen spät, oder? Ich habe für mich entschieden, dass ich darauf keinen Bock habe und lieber jetzt so mutig bin, mein eigenes Ding zu machen, statt später rumzuheulen. Und selbst wenn es am Ende meines Lebens irgendwas geben würde, das ich bereuen könnte: Ich würde es mir nicht erlauben. Basta! Ich werde sterben und davon ausgehen, dass ich das Beste gegeben habe, was mir möglich war. Wenn du das vierte Versprechen nach Ruiz (2022), immer dein Bestes zu geben, lange genug geübt hast, kann das super klappen.

Angst Nummer 7: Meine Kinder sollen keine Scheidungskinder werden

„Ich habe Angst, meine Kinder zu verlieren", höre ich oft, wenn es um eine Trennung geht. Vor allem Männer erleben häufig mehr Stress damit, weil es auch heute noch meistens so ist, dass die Kinder im Falle einer Scheidung bei der Mutter bleiben. Aber auch, wenn man nicht mehr mit den Kindern zusammenwohnt und sie nicht mehr jeden Tag ins Bett bringt, kann man sie nicht verlieren. Sie sind immer noch da. Kann es sein, dass größere Kinder die Entscheidung verurteilen, mit einer neuen Person leben zu wollen? Kann es sein, dass deine Kinder nie wieder ein Wort mit dir reden? Ja, das kann sein. Hier musst du entscheiden, ob du dich davon erpressen lassen und dein Leben nach den Wünschen deiner Kinder leben willst – oder nach deinen. Wenn Kinder erwachsen werden, leben sie ohnehin ihr eigenes Leben und werden sich nicht ständig um ihre Eltern kümmern. Auch hier ist Loslassen eine gute Idee!

Leiden Kinder unter einer Trennung? Sicher. Es ist eine Veränderung, die weh tut. Aber kein Kind muss einen dauerhaften Schaden nehmen, nur weil sich die Eltern trennen. Je erwachsener und gelassener die Eltern mit einer Trennung umgehen, desto besser verkraften es auch die Kinder. Und es ist völlig okay, traurig zu sein. Auch unsere Kinder dürfen ein vollständiges Leben führen mit positiven und negativen Emotionen. Vor dem Leben und vor ihrem eigenen Gehirn können wir sie nicht bewahren! Wir dürfen als Eltern lernen, die negativen Gefühle der Kinder auszuhalten und ihnen zutrauen, dass sie Herausforderungen meistern.

Auch die „heile" Kleinfamilie ist eine Erfindung des Patriarchats (Stoverock 2022) und muss nicht der Weisheit letzter Schluss sein. Ist eine Patchworkfamilie anstrengender? Möglicherweise – aber sie kann eine Bereicherung sein.

Angst Nummer 8: Finanzielle Schwierigkeiten

Wird es nach einer Trennung finanziell schwieriger? Möglicherweise. Wenn ihr eine zusätzliche Wohnung anmieten, Unterhalt und vielleicht einen Anwalt bezahlen müsst, wird das einige Kosten verursachen.

Jede*r muss für sich selbst entscheiden, ob es sich lohnt, aus finanziellen Gründen eine Beziehung aufrechtzuerhalten. Es kann durchaus ein pragmatisches oder egoistisches „Warum" für eine Partnerschaft sein und das ist völlig legitim. Was ich in der Beratung immer wieder erlebe, ist allerdings, dass die finanziellen Ängste sehr diffus sind und sich die Menschen keine Mühe gemacht haben, die Optionen wirklich durchzurechnen. Wenn die Emotionen die Finanzen einnehmen, ist das meistens keine gute Ausgangslage. Sinnvoller ist es, die Mathematik von den Emotionen zu trennen und sich mit dem Taschenrechner oder einem Anwalt hinzusetzen und konkrete Zahlen auf ein Blatt Papier zu schreiben. Dann wird die Frage für oder gegen eine Trennung nicht von einem diffusen Angstgefühl bestimmt, sondern einer nüchternen Kostenaufstellung. Ich persönlich halte nicht viel davon, aus finanziellen Gründen zusammenzubleiben. Aber wenn du dafür die Verantwortung übernimmst und dir selbst die Wahrheit über deine Entscheidungen erzählst, musst du deinen Frust darüber nicht deinem oder deiner Partner*in vor den Latz knallen.

Das Gehirn mag keine Veränderungen und wird dir immer einreden, dass du bitte in der Höhle bleiben magst und dich nicht den Gefahren der großen weiten Welt aussetzen sollst. Hätten unsere Vorfahren immer darauf gehört, würden wir immer noch dort ums Feuer sitzen und auf das nächste Mammut warten. Haben sie aber nicht. Sie waren mutig, haben ihren Arsch aus der Höhle bewegt und Entwicklung möglich gemacht! Wenn du dich in deinem Leben entwickeln willst, darfst du nicht auf dein ängstliches Gehirn hören. Du heckst mit deinem Großhirn einen Plan aus, wie du von dort, wo du gerade bist, dahin kommst, wo du hinwillst. Wenn dafür eine Trennung nötig ist, dann trenn dich!

Was kann schlimmstenfalls passieren? – Übung gegen Angst

Hier kommt eine Übung, die ich all meinen Kund*innen mit auf den Weg gebe und auf die ich im Membership-Bereich immer wieder verweise. Sie ist superhilfreich, um der diffusen Angst, die das primitive Steinzeitgehirn dauernd produziert, einen konkreten Plan entgegenzusetzen.

Die Übung stammt aus einem großartigen TED-Talk des US-amerikanischen Autors, Podcasters und Unternehmers Tim Ferriss (Ferriss

2017). Nimm dein Notizbuch und schreibe dir zu einem Thema deiner Wahl die Antworten auf folgende Fragen auf:

1. Was kann schlimmstenfalls passieren?
2. Was kann ich tun, damit das *nicht* passiert?
3. Was kann ich tun, falls es passieren sollte?

Beleuchte so eine Angst nach der anderen. Manche Dinge kannst du präventiv vermeiden, andere vielleicht nicht. Aber auch dann bist du nicht hilflos und machtlos, sondern kannst dir überlegen, was du tun kannst, wenn das Schlimmste eintrifft.
Ein Beispiel:

1. Das Schlimmste, was passieren kann, ist, dass mein Mann beim Bergsteigen abstürzt und stirbt.
2. Was kann ich tun, damit das nicht passiert? Nichts. Wenn er in den Bergen unterwegs ist, kann ich nichts tun. Ich kann darauf vertrauen, dass er schon weiß, was er tut, und dass er ein guter Bergsteiger ist, aber ich kann nicht darauf Einfluss nehmen, was er dort tut, wie das Wetter ist und was passiert.
3. Was kann ich tun, wenn das passieren sollte? Die Bergwacht anrufen, ein Beerdigungsinstitut beauftragen, meine Kinder trösten, trauern, alles organisieren, was zu organisieren ist, mein Leben leben.

Noch ein Beispiel:

1. Das Schlimmste, was passieren kann, ist eine Trennung. Hier würde ich genauer fragen: Warum ist das schlimm? Was genau passiert dann? Und dann würde ich jede einzelne Angst auflisten.
2. Was kann ich tun, damit das nicht passiert? Eine gute Partnerin sein, den Beziehungsgarten pflegen, gute Gespräche mit meinem Mann führen, mich darum kümmern, gesund, fit, interessant, witzig und lebensfroh zu sein, usw. Trotzdem gibt es keine Garantie und mein Mann könnte sich für eine andere Frau entscheiden, selbst wenn ich das leckerste Sushi auf dem Planeten bin.

3. Was kann ich tun, falls das passieren sollte? Wie oben: Die Dinge regeln. Trauern. Mich gut um mich kümmern, Liebeskummer durchmachen, mein Leben leben.

Wenn du deinem Gehirn diese Pläne gibst, kannst du es leichter beruhigen, wenn die diffusen Ängste hochkommen. Du kannst Frieden damit schließen, dass du manchmal unsicher und voller Angst bist. Das ist das, was Gehirne nun einmal tun. Aber du hast einen Plan und das ist gut!

Wenn du ein totes Pferd reitest, steig ab!

„Wann ist es besser sich zu trennen?“, werde ich sehr oft gefragt. Meine Antwort lautet dann immer: „Wenn du ein totes Pferd reitest, steig ab!“ Die logische nächste Frage ist dann: „Woher weiß ich denn, ob ich ein totes Pferd reite?“

Die Anzeichen, dass deine Beziehung hinüber ist, können folgende sein:

- Die apokalyptischen Reiter bestimmen euren Alltag und ihr bekommt es nicht hin, sie zu vermeiden.
- Ihr erinnert euch nicht gern an den Beginn eurer Beziehung, sondern verdreht die Augen, weil es von Anfang an nervig und stressig mit euch war.
- Ihr streitet euch nur noch und findet keinen Ausweg aus der Negativspirale.
- Eine Paarberatung oder Ehetherapie hat nichts gebracht, es ist immer noch schrecklich zwischen euch.
- Ihr lacht nicht mehr miteinander.
- Es interessiert euch nicht, was der oder die andere denkt oder tut.
- Eine*r von euch hat sich „innerlich getrennt“ und ist nur noch körperlich anwesend.

- Ihr vermeidet es auf Teufel komm raus, Zeit zu zweit zu verbringen, und wenn ihr es trotzdem tut, langweilt ihr euch zu Tode.
- An Intimität ist nicht zu denken, Sex miteinander widert euch an, ihr könnt den Geruch des oder der Partner*in nicht mehr ertragen.
- Eine*r von euch hat sich für eine andere Person entschieden und investiert seine oder ihre volle Energie nur noch in die neue Beziehung.
- Die Vorstellung, die nächsten zehn oder 20 Jahre miteinander zu verbringen, verursacht Brechreiz.
- Ihr hofft, dass eure Kinder später auf keinen Fall eine Beziehung haben wie die eure.

All das sind Anzeichen dafür, dass eine Trennung ansteht. Vielleicht ist dir aufgefallen, dass Fremdgehen nicht aufgelistet ist. Eine Affäre kann ein Hinweis auf ein totes Pferd sein, aber nur, wenn sie mit anderen der genannten Aspekte einhergeht.

Wie schon erwähnt, löst eine Trennung keine Probleme. Es gibt aber Paare, die ohneeinander deutlich besser dran sind, die sich zusammen nur das Leben schwer machen und ihren Kindern einen Albtraum von Partnerschaft vorleben. Selbst wenn ihr glaubt, eine gute Show zu spielen, um die „heile" Familie aufrechtzuerhalten, tut ihr euch und euren Kindern möglicherweise keinen Gefallen damit. Wie immer gilt: Es ist dein Leben und nur du allein entscheidest, was für dich passt. Wenn du auf einem toten Pferd sitzen bleiben willst, ist das völlig okay.

Die unterschiedlichen Beziehungsarten

Möglicherweise habt ihr euch – bewusst oder unbewusst – dafür entschieden, eine Eltern-WG zu sein und auch das ist absolut fein.
Michael Mary unterscheidet fünf verschiedene Beziehungsarten (Mary 2008):

1. die romantische Liebesbeziehung

2. die Sexualpartnerschaft
3. die Lebenspartnerschaft
4. die Elternschaft
5. die Freundschaft

In unserer Gesellschaft herrscht die Erwartung, dass wir all diese Arten mit einer Person leben. Das musst du aber nicht. Du kannst die Sexpartnerschaft mit einer anderen Person leben als mit derjenigen, mit der du zusammenwohnst. Dein*e Partner*in kann dein*e beste*r Freund*in sein, ohne dass ihr noch ein Liebespaar seid.

Ich würde noch mindestens eine sechste Beziehungsart hinzufügen: Manche Paare haben ein gemeinsames Unternehmen und sind Geschäftspartner, sie müssen aber nicht zusammenleben. Viele Paare leben hingegen zusammen, ziehen gemeinsam Kinder groß und sind gute Freunde, haben aber die Liebesbeziehung und die Sexbeziehung längst aufgegeben und leben eine (hoffentlich) friedliche Eltern-WG.

Mir geht es nicht darum, dir zu sagen, was du tun sollst. Mir geht es darum, dir aufzuzeigen, auf welche Hinweise du achten kannst und welche Möglichkeiten du hast. Wenn meine Kund*innen in der Klarheits- und Entscheidungssession von mir hören wollen, ob sie ein totes Pferd reiten, kann ich das innerhalb einer Stunde herausfinden und entsprechendes Feedback geben. Die Entscheidung treffen sie aber immer selbst, denn sie müssen mit den Konsequenzen leben, nicht ich. Daher kann ich immer nur Empfehlungen aussprechen, blinde Flecken aufdecken und Hinweise geben, aber niemandem die Entscheidung abnehmen.

Es ist dein Leben. Es sind deine Regeln! Du entscheidest.

Zum Schluss

Ich mag das Bild vom Wagenrad auf buckligen Wegen, welches Sebastian Purps-Pardigol in seinem Buch *Leben mit Hirn* (2021) vorstellt. Er schreibt von der Zeit, als die Menschen noch mit Pferdewagen auf kleinen Wegen mit einer Menge Schlaglöcher unterwegs waren. Die Reise von A nach B war sehr beschwerlich und es machte einen großen Unterschied, von welcher Qualität der Wagen beziehungsweise die Achse der Wagenräder war. Auf derselben buckligen Straße konnten die Nomaden mit einem guten Wagen daher eine angenehmere Reise haben als die mit einem schlechten. Anders gesagt: Sie hatten keinen Einfluss auf die Beschaffenheit der Wege, aber sehr wohl auf die Qualität ihres Wagens.

Buddhistische Konzepte übernahmen die Begriffe „Sukha“ (gute Achse) und „Dukha“ (schlechte Achse), um zwischen einem resilienten, flexiblen Geist und einem sturen, starren Geist zu unterscheiden. Wenn wir dieses Konzept auf unser Leben übertragen, haben wir nicht unbedingt Einfluss auf die Wege, die wir im Leben beschreiten (äußere Umstände), wir können aber die Qualität unseres Wagens (unseren Geist) beeinflussen. In einem schlechten, starren Geisteszustand reagieren wir auf die Herausforderungen des Lebens mit Frust und Schmerz. In einem guten, flexiblen Geisteszustand nehmen wir die Hürden leichter und lockerer und sind insgesamt zufriedener. Wir haben eine deutlich angenehmere Reise.

Meine Arbeit ist dazu gedacht, den Menschen eine angenehmere Reise zu verschaffen, indem ich ihnen helfe, die Qualität ihres Geisteszustandes zu verbessern. Ich hoffe, es ist mir mit diesem Buch gelungen, dir näherzubringen, dass eine Beziehung keine mehrspurige, frisch geteerte Autobahn mit Flüsterbelag ist, sondern ein buckliger Weg mit Schlaglöchern.

Die Beschaffenheit des Weges kannst du nur bedingt beeinflussen, die Qualität deines Wagens jedoch schon! Achte darauf, welches Benzin du in deinen Tank füllst und welches Öl du in deinen Motor schüttest. Füttere deinen Geist mit guten Dingen und übe, dich selbst zu hegen und zu pflegen. Schließlich bist du dein größter Schatz.

Ich wünsche dir von Herzen eine gute Reise!

Danke

Ich finde die Danksagungen in Büchern meistens langweilig und überblättere sie. Und dennoch finde ich es immer schön, dass es diese Seiten gibt. Denn ein Buch entsteht nicht mal schnell allein. Es ist ein Gemeinschaftswerk mit vielen Beteiligten, die sich sehr viel Mühe gegeben haben. Dafür Wertschätzung und Dankbarkeit auszudrücken, ist wichtig. Unsere Welt würde anders aussehen, wenn die Menschen häufiger Dank aussprechen würden.

Wofür bist du heute dankbar? Wem könntest du heute einfach mal danke sagen?

- Danke, dass es dich gibt!
- Danke, dass du Essen gemacht hast!
- Danke fürs Geldverdienen, Kinder ins Bett bringen, Bügeln, deinen Humor, deine Gelassenheit!

Was wäre ein Buch ohne Leser*innen? Daher gilt mein erster Dank dir:

Danke, dass du dieses Buch gelesen hast. Noch mehr danke ich dir, wenn du die Anregungen und Impulse wirklich anwendest und damit deine Beziehung(en) verbesserst! Indem du deine Welt lustiger und liebevoller gestaltest, wird die ganze Welt ein kleines bisschen lustiger und liebevoller – und das kann sie wirklich gut gebrauchen.

Danke an all meine Kund*innen, Kurs-Teilnehmenden und Mitglieder des Membership-Bereichs! Es war und ist mir ein Fest, mit euch zu arbeiten, durch euch zu lernen und meine Arbeit mit jedem Coaching, jeder Beratung und jedem Workshop ein Stück zu verbessern.

Martina, Sarah, Katharina und Edith, ihr seid die coolsten und tollsten Mitarbeiterinnen, die ich mir wünschen kann! Ich lerne viel von euch und eurer Art zu coachen und zu schreiben, ich liebe eure Impulse und Ideen. Schön, dass es euch gibt und ihr meine Visionen und die Leidenschaft für gesunde Beziehungen auf Augenhöhe teilt!

Danke an all meine treuen und sporadischen Podcast-Hörer*innen, vor allem diejenigen, die mir schreiben, dass sie mit der Hilfe meines

Podcasts ihre Beziehung nicht nur retten, sondern massiv verbessern konnten und die Perspektive auf Liebe und Partnerschaft komplett verändert haben!

Danke an all meine Follower auf Instagram, Facebook und YouTube, Blogleser*innen, Newsletter-Abonnent*innen und alle, die irgendwo im Mittermaier-Universum herumschwirren und die Idee einer eigenverantwortlichen und entspannten Beziehungskultur weitertragen und leben! Und ganz, ganz lieben Dank für eure unzähligen Nachrichten, wie sehr ihr euch auf das Buch freut!

Danke an Christian und Katharina vom NUSPA-Verlag für die entspannte und professionelle Zusammenarbeit an diesem Buch. Ohne euch hätte ich mich nicht getraut anzufangen. Bei euch habe ich mich gut aufgehoben gefühlt und gewusst, dass meine Botschaft nicht zurechtgebogen wird und ich einfach ich sein darf.

Danke an meine engagierten ersten Probeleser, Peter und Tom, die sich die Mühe gemacht haben, mir zu den allerersten Seiten Feedback zu geben. Mit eurer Begeisterung habt ihr mich ermutigt, dranzubleiben und mein bestes Wissen aufs Papier zu bringen.

Danke an Daniela Karwatzki, eine meiner treuesten Podcast-Hörerinnen, für die Überarbeitung der ersten Textfassung, für die super Formulierungen und Ideen, um die Verständlichkeit zu verbessern. Das war megahilfreich für mich! Megadankbar bin ich auch meiner Freundin Susanne Klose für die Qualitätssicherung und das zusätzliche Lektorat.

Ein großer Dank geht an die Testleser*innen des fertigen Manuskripts. Ihr habt so viel Engagement reingesteckt, letzte Rechtschreibfehler gefunden, Unklarheiten aufgedeckt und mir ein ausführliches und ehrliches Feedback gegeben, das ich sehr gerne ins Buch eingearbeitet habe. Durch euch ist es noch besser geworden. Das sind die tollen Menschen: Yvonne Thiele-Harms, Jenny, Björn Meschkat aus Hamburg, Pia, Ann Westbäumer, Katrin Werner, Sandra, Judith Meider, Marinus Hohmann, Manuel Julien Kristen, Tina Feulner-Weinmayer, Conny Martin, Doris, Christine Webler, Simon und Alex.

Ich bin sehr happy, tolle Freundinnen zu haben, die mich immer ermutigen, auffangen und mir helfen, meine Träume und Ziele zu erreichen. Danke liebe Mira, Christine und Martina für euren liebevollen Blick auf mich und immer offene Ohren!

Ein großer Dank geht an meine Eltern. Durch euch habe ich immer Liebe erfahren und ein gesundes Bindungsmuster gelernt.

Ich bin so dankbar, dass ich die coolsten Kinder der Welt habe und wir so viel miteinander lachen! Ihr seid unfassbar großartige Menschen. Ich liebe euch sehr!

Zum Schluss danke ich meinem Mann Andi für einfach alles! Danke für das wundervolle Vorwort, fürs Korrekturlesen und die Verständnisfragen.

Du bist die Liebe meines Lebens und mein bester Freund! Es ist so schön, dass es dich gibt und dass du der Papa unserer Kinder bist. Sie hätten keinen besseren Vater kriegen können. Danke, dass du nicht nur mein Mitarbeiter bist, sondern mir auch hier in unserer Familie den Rücken freihältst, mich bekochst und immer zum Lachen bringst. Und vor allem, dass du immer offen für meine verrückten Ideen bist! Ich liebe dich!

Podcast, Membership und Coaching

Wenn du tiefer in die Beziehungsarbeit eintauchen möchtest, gibt es viele Möglichkeiten.

Podcast

Zu vielen der Kapitel gibt es Podcast-Folgen in meinem Liebe Leben-Podcast. Damit kannst du die Inhalte vertiefen und dir zum Beispiel die Fahrt zur Arbeit versüßen. Dein Gehirn verankert neues Wissen über viele Wiederholungen und verschiedene Sinneskanäle. Täglich schreiben mir Menschen, dass das Hören meines Podcasts ihre Art zu denken und damit ihre Beziehungen und ihr ganzes Leben verändert hat.

Du findest den Podcast auf Spotify, Apple Podcast und jeder anderen Podcast-App deiner Wahl.

Mitgliedschaft im Liebe Leben Premium-Membership-Bereich

Das Liebe Leben Premium-Membership (LLP) ist die coolste Online-Plattform für Beziehungsthemen im deutschsprachigen Raum. Etwas Ähnliches kenne ich nur aus den USA bzw. dem englischsprachigen Raum.

Im Membership-Bereich gibt es monatliche Workshops und zweimal wöchentlich einen Coaching- und Q&A-Call sowie Buchvorstellungen und Challenges. Wir, das sind die Coaches Martina Booth, Sarah Matula und ich, antworten auf alle Fragen der Mitglieder und begleiten sie langfristig durch Beziehungs- und Lebenskrisen. LLP ist aber nicht nur Krisenmanagement, sondern auch Persönlichkeitsentwicklung in der Tiefe. Es ist Hilfe zur Selbsthilfe. Mit den Inhalten lernst du, dein Leben ganz nach deinen Wünschen und Vorstellungen zu gestalten.

Was kein anderes meiner Angebote sonst leisten kann, liefert LLP: den Kontakt zu anderen Menschen, die sich mit genau den gleichen Themen beschäftigen. Der Austausch ist immer wertschätzend und ohne Verurteilungen, egal an welcher Position einer Dreiecksbeziehung jemand war oder ist. Das hat man im eigenen Umfeld sehr selten!

Einzelcoaching und Paarberatung

Natürlich kannst du auch persönlich mit mir zusammenarbeiten. In den Einzelcoachings und Paarberatungen werfe ich mit dir oder euch einen intensiven Blick auf eure Beziehungssituation und deine oder eure Gedanken und Gefühle. Ich gebe konkrete Hinweise, was genau für die Schwierigkeiten verantwortlich ist und was die nächsten wichtigen Schritte sind.

Weitere ausführliche Informationen zu allen Angeboten findest du auf meiner Website: **www.melanie-mittermaier.de**

Mein Partner, meine Partnerin …

Falls dein*e Partner*in nicht gerne lesen mag, du dir aber wünschst, er*sie würde auch von den Inhalten des Buches profitieren, habe ich eine Idee für dich: Den Online-Kurs *WAPS – Was alle Paare wissen sollten*. WAPS vertieft und ergänzt einige Kapitel aus dem Buch, zudem gibt es zu manchen der Videos Arbeitsblätter, die bei der praktischen Umsetzung helfen.

Viele meiner weiblichen Kundinnen berichten mir, dass ihre lesefaulen Männer den Kurs gern geschaut haben.

Als Leser*in meines Buches schenke ich dir einen € 30,- Gutschein für diesen Online-Kurs. Lege dafür den Online-Kurs WAPS (https://melanie-mittermaier.de/shop/waps/) in den Warenkorb meiner Website. Falls du schon ein Kundenkonto hast, musst du dich zuerst anmelden. Gib dann in das Feld „Gutscheincode“ diesen Code ein: D72548YF und klicke auf „Gutschein anwenden“. Damit werden dir 30 Euro abgezogen.

Leseliste

Hier findest du eine kleine Auswahl an Büchern, die ich dir ans Herz legen möchte, wenn du dich zu bestimmten Themengebieten noch stärker einlesen magst. Ich habe aus jedem einzelnen sehr viel gelernt und liebe es, die Weisheit und das Wissen von den großartigsten Menschen, Coaches und Therapeut*innen anzapfen zu dürfen.

Psychologie und Beziehungswissen allgemein

Stahl, Stefanie (2022): Wer wir sind. Wie wir wahrnehmen, fühlen und lieben. München.

Monogamie/Untreue

Lendt, Holger/Fischbach, Lisa (2011): Treue ist auch keine Lösung. Ein Plädoyer für mehr Freiheit in der Liebe. München.

Perel, Esther (2020): Was Liebe aushält. Untreue überdenken. Ein Buch für alle, die jemals geliebt haben. Hamburg.

Karig, Friedemann (2017): Wie wir lieben. Vom Ende der Monogamie. Berlin.

Binswanger, Michèle (2017): Fremdgehen. Ein Handbuch für Frauen. Berlin.

Sexualität

Nagoski, Emily (2017): Komm, wie du willst. Das neue Frauen-Sex-Buch. München.

Ahlers, Christoph Joseph/ Lissek, Michael (2017): Vom Himmel auf Erden – was Sexualität für uns bedeutet. München.

Schnarch, David (2006): Die Psychologie sexueller Leidenschaft. Stuttgart.

Hormone und Wechseljahre

De Liz, Sheila (2022): Woman on Fire. Alles über die fabelhaften Wechseljahre. Hamburg.

Selbstbestimmt Liebe leben

Zimt, Anna (2020): Leck mich. Wie ich lernte zu bekommen, was ich will: im Bett, in der Liebe und im Leben. München

Doyle, Glennon (2020): Ungezähmt. Hamburg.

Quellenangaben

Ahlers, Christoph Joseph/Lissek, Michael (2017): Vom Himmel auf Erden – was Sexualität für uns bedeutet. München.

Binswanger, Michèle (2017): Fremdgehen. Ein Handbuch für Frauen. Berlin.

Botsman, Rachel (2018): What does it really mean to trust? https://medium.com/@rachelbotsman/trust-thinkers-72ec78ec3b59, zuletzt abgerufen 17.10.22

Branden, Nathaniel (2019): Die 6 Säulen des Selbstwertgefühls. Erfolgreich und zufrieden durch ein starkes Selbst. Hörbuch. München, Zürich.

Castillo, Brooke (2019): The Life Coach School Podcast. Episode #296, 28.11.19: Want Match. https://thelifecoachschool.com/podcast/296/, zuletzt abgerufen am 1.11.22.

Chapman, Gary D. (1994): Die fünf Sprachen der Liebe – wie Kommunikation in der Ehe gelingt. Marburg an der Lahn.

Delis, Dean C./Phillips, Cassandra (2016): Ich lieb dich nicht, wenn du mich liebst. Nähe und Distanz in Liebesbeziehungen. 22. Auflage. Berlin.

ElitePartner (2013): Vom Finden und Halten der Liebe. ElitePartner-Studie Juni 2013, in Kooperation mit dem Marktforschungsinstitut Fittkau & Maaß. https://www.elitepartner.de/wp-content/uploads/2022/05/ElitePartner-Studie-Juni-2013.pdf, zuletzt abgerufen am 1.11.22.

Ferriss, Tim (2017): Why you should define your fears instead of your goals. https://www.ted.com/talks/tim_ferriss_why_you_should_define_your_fears_instead_of_your_goals?subtitle=de, zuletzt abgerufen 22.10.22.

Gamber, Paul (2016): Transaktionsanalyse für Dummies. E-Book. Weinheim.

Gottman, John M. (2004): Die 7 Geheimnisse der glücklichen Ehe. 4. Auflage. München.

Harari, Yuval Noah (2015): Eine kurze Geschichte der Menschheit. München.

Hay, Louise L. (1994): Wahre Kraft kommt von innen. München.

Holmes, Jeremy (2006): John Bowlby und die Bindungstheorie. 2. Auflage. München.

Kahneman, Daniel (2012): Schnelles Denken, langsames Denken. Hörbuch. München.

Kulen, Yasemin (2021): Studie: Es gibt acht verschiedene Gründe für Untreue – bei den wenigsten geht es um Sex. https://www.stern.de/familie/beziehung/beziehungsstudie--es-gibt-acht-verschiedene-gruende-fuer-affaeren-30462630.html, zuletzt abgerufen 21.10.22.

Lendt, Holger/Fischbach, Lisa (2011): Treue ist auch keine Lösung. Ein Plädoyer für mehr Freiheit in der Liebe. München.

Lewandowski Jr., Gary W. (2021): The 8 Reasons Why People Cheat. https://www.psychologytoday.com/us/blog/the-psychology-relationships/202103/the-8-reasons-why-people-cheat, zuletzt abgerufen 21.10.22

Manson, Mark (2019): Everything ist F*cked: Ein Buch über Hoffnung. E-Book. München.

Mary, Michael (2008): 5 Lügen die Liebe betreffend. Bergisch Gladbach.

Mittermaier, Andi (2015): Tandem Transalp: Wie ich meine Frau heimlich über das Timmelsjoch lockte. Norderstedt.
Mittermaier, Melanie (2020): Erotische Intelligenz und sexuelle Fantasien. Interview mit Dipl.-Psych. Claudia Huber. https://www.youtube.com/watch?v=KctEMLW5tTM&t=32s, zuletzt abgerufen 15.10.22.

Mittermaier, Melanie (2021): Eifersucht und offene Beziehungen. Interview mit Martina Booth. https://www.youtube.com/watch?v=l-CLKbaC_5M, zuletzt abgerufen 17.10.22.

Mittermaier, Melanie (2022): Real Talk mit Andi Mittermaier. Liebe Leben-Podcast, Folge 200. https://melanie-mittermaier.de/blog/real-talk-mit-andi-mittermaier/, zuletzt abgerufen 21.10.22.

Nagoski, Emily (2017): Komm, wie du willst: das neue Frauen-Sex-Buch. München.

Perel, Esther (2020): Was Liebe braucht. Das Geheimnis des Begehrens in festen Beziehungen. Hamburg.

Pickert, Nils (2022): Lebenskompliz*innen: Liebe auf Augenhöhe. Weinheim, Basel.

Purps-Pardigol, Sebastian (2021): Leben mit Hirn. Wie Sie Ihre Potenziale entfalten, egal was um Sie herum geschieht. Frankfurt.

Rosenberg, Marshall B. (2007): Gewaltfreie Kommunikation. Eine Sprache des Lebens. 7. Auflage. Paderborn.

Ruiz, Don Miguel (2022): Die vier Versprechen. Ein Weg zur Freiheit und Würde. Berlin.

Ryan, Christopher/Jethá, Cacilda (2016): Sex – die wahre Geschichte. Stuttgart.

Sadhguru (2022, 20. September). sadhguru.deutsch auf Instagram: https://www.instagram.com/reel/Ciu-LlkMv3u/?igshid=YmMyMTA2M2Y%3D, zuletzt abgerufen am 1.11.22.

Schnarch, David (2006): Die Psychologie sexueller Leidenschaft. Stuttgart.

Schnarch, David (2011): Intimität und Verlangen. Sexuelle Leidenschaft wieder wecken. 11. Auflage. Stuttgart.

Shaw, Julia (2018): Das trügerische Gedächtnis: wie unser Gehirn Erinnerungen fälscht. München.

Stephani, Ilan (2022): Finde deine sexuelle Kraft. Die Elemente der Ekstase. München.

Stoverock, Meike (2022): Female Choice. Vom Anfang und Ende der männlichen Zivilisation. Stuttgart.

Strelecky, John P. (2009): The big five for life. Was wirklich zählt im Leben. München.

Sullivan, Dan/Hardy, Benjamin (2022): Das GAP-and-GAIN-Konzept. Der Weg zu mehr Glück, Selbstvertrauen und Erfolg für Anspruchs-volle. München.

Uhlmann, Gabriele (2015): Der Gott im 9. Monat. Vom Ende der mütterlichen Gebärfähigkeit und dem Aufstieg der männlichen Ge-bärmacht in den Religionen der Welt. E-Book. Norderstedt

Uhlmann, Gabriele (2022): Patriarchat – Definition, Geschichte und Symptome. https://blog.gabriele-uhlmann.de/patriarchat, zuletzt ab-gerufen 11.10.2022.

Ware, Bronnie (2015): 5 Dinge, die Sterbende am meisten bereuen. Einsichten, die Ihr Leben verändern werden. München.

Wiest, Brianna (2022): 101 Essays, die dein Leben verändern werden. München.

Windscheid, Leon (2021): Besser fühlen. Eine Reise zur Gelassenheit. Hamburg.

Anmerkungen

1) Seitensprung-Agenturen im Test: https://www.seitensprung-fibel.de/seitensprungagenturen.php , zuletzt abgerufen 10. Oktober 2022.
2) Informationen über Dan Savages Kolumnen, Podcasts und Bücher gibt es auf seiner Website https://savage.love/, zuletzt abgerufen 22.10.2022.
3) Pretty Woman, Liebeskomödie aus dem Jahr 1990.
4) Matrix, Science-Fiction-Film aus dem Jahr 1999.
5) Four stages of competence, https://en.wikipedia.org/wiki/Four_stages_of_competence, zuletzt abgerufen 11.10.2022.
6) Transformers, Action- und Science-Fiction Film aus dem Jahr 2007.
7) Fifty Shades of Grey, Erotikfilm aus dem Jahr 2015.
8) Eine verhängnisvolle Affäre, Erotikthriller aus dem Jahr 1987.
9) Untreu, Beziehungsdrama aus dem Jahr 2002.
10) Interview mit Claudia Elizabeth Huber, Diplom-Psychologin, zu erotischer Intelligenz und sexuelle Fantasien, https://www.youtube.com/watch?v=KctEMLW5tTM&t=32s von 2020, zuletzt abgerufen am 15.10.22.
11) Von Esther Perel, der für mich besten Paartherapeutin, lerne ich seit Jahren. Dafür nutze ich ihre Bücher, Podcasts, Interviews und Informationen aus Social Media. Als Einstieg in ihr umfangreiches Werk empfehle ich ihre Website https://www.estherperel.com/, zuletzt abgerufen 3.11.22.
12) „Jeder Mensch handelt aus seiner besten Option" ist eine Vorannahme aus dem NLP (Neurolinguistisches Programmieren). Anders gesagt: Menschen treffen immer die Wahl, die sie genau jetzt, aus ihrer Sicht, für die beste halten. Einen Einstieg zu den Vorannahmen des NLP gibt es zum Beispiel hier: https://www.dvnlp.de/was-ist-nlp/nlp-vorannahmen/, zuletzt abgerufen 17.10.22.
13) Interview mit Martina Booth, The Jealousycoach, zu Eifersucht und offenen Beziehungen, https://www.youtube.com/watch?v=l-CLKbaC_5M von 2021, zuletzt abgerufen am 17.10.22.
14) Bindungstheorie nach John Bowlby. Einen Einstieg bietet das Buch von Jeremy Holmes (2006): John Bowlby und die Bindungstheorie.

15) In *Der Gott im 9. Monat.* Vom Ende der mütterlichen Gebärfähigkeit und dem Aufstieg der männlichen Gebärmacht in den Religionen der Welt interpretiert Gabriele Uhlmann (2015) diverse Ausgrabungen und Felsenmalereien neu, was aus meiner Sicht zäh und langweilig zu lesen ist. Es hilft aber, die monotheistische Weltanschauung infrage zu stellen, was wiederum sehr hilfreich sein kann.
16) Acht Gründe für Untreue beschreibt zum Beispiel Gary Lewandowski (2021, englischsprachiger Blogbeitrag), https://www.psychologytoday.com/us/blog/the-psychology-relationships/202103/the-8-reasons-why-people-cheat, zuletzt abgerufen am 20.10.22. Zur gleichen US-Studie schreibt auf Deutsch Kulen (2021), https://www.stern.de/familie/beziehung/beziehungsstudie--es-gibt-acht-verschiedene-gruende-fuer-affaeren-30462630.html, zuletzt abgerufen 21.10.22.
17) Vom Finden und Halten der Liebe. ElitePartner-Studie Juni 2013, in Kooperation mit dem Marktforschungsinstitut Fittkau & Maaß. https://www.elitepartner.de/wp-content/uploads/2022/05/ElitePartner-Studie-Juni-2013.pdf, zuletzt abgerufen am 1.11.22.
18) Eye Movement Desensitization and Reprocessing (EMDR), http://www.emdria.de/, zuletzt abgerufen am 1.11.22.
19) wingwave® – Kurzzeitcoaching-Methode bei Alltags-Traumata auf Grundlage von EMDR: https://wingwave.com/, zuletzt abgerufen am 1.11.22
20) Somatic Experiencing (SE), https://www.somatic-experiencing.de/, zuletzt abgerufen am 1.11.22.
21) Martina Booth, https://thejealousycoach.com/, zuletzt abgerufen 21.10.22.
22) Real Talk mit Andi Mittermaier: Liebe Leben-Podcast, Folge 200, https://melanie-mittermaier.de/blog/real-talk-mit-andi-mittermaier/ , 2022, zuletzt abgerufen 23.10.22.

DENK DICH ERFOLGREICH

In 100 Tagen zum Erfolgs-Mindset. Ein Arbeitsbuch mit Bonusmaterial Taschenbuch

von Christian Obad

Erfolg wird mit dem richtigen Mindset viel einfacher – und genau darum geht es in diesem Arbeitsbuch. Entwickeln Sie Denkgewohnheiten, die Ihrem Erfolg förderlich sind. Mit Hilfe des Buchs können Sie einfach ausprobieren, welche Wirkung nur fünf Minuten Übung am Tag haben kann. Die Übungen sind einfach und machen Spaß!

Warnung: Das Lesen der Übungsanleitungen nützt nichts. Seine Wirkung entfaltet das Buch auf den 130 Seiten, die im Laufe der nächsten 100 Tage gefüllt werden wollen – und zwar von Ihnen …

Bei diesem Buch handelt es sich um ein sogenanntes Erfolgs-Journal oder Dankbarkeitsjournal - also ein Tagebuch, das mit seiner vorgegebenen Struktur dem Denken eine Richtung gibt. Im Gegensatz zu anderen Erfolgsjournalen erklärt Christian Obad zu Beginn den Sinn und Hintergrund der Übung ausführlich und unterstützt das Tagebuchführen mit:

- einem Gamification-Ansatz,
- 10 Zusatz-Aufgaben,
- online abrufbarem Bonusmaterial,
- einem begleitenden E-Mail-Coaching

ISBN 978-1534824447 (Taschenbuch DIN A5)
www.denkdicherfolgreich.de

Printed in Germany
by Amazon Distribution
GmbH, Leipzig

29300349R00129